法治政府新热点

《法治政府建设实施纲要（2015-2020年）》

学习问答

国务院法制办公室政府法制研究中心 编

—权威性—通俗性—实用性—

- 为什么要扎紧规范行政权力运行的"制度笼子"？

- 如何落实推进法治政府建设的第一责任人职责？

- 怎样进一步做好简政放权工作？

- 如何增强公众参与实效，避免"走过场"？

- 如何通过法治实践提高政府工作人员法治思维和依法行政能力？

  ……

人民出版社

加快建设法治政府的奋斗宣言和行动纲领（代序）

国务院法制办公室副主任　袁曙宏

2020 年法治政府基本建成，是党的十八大和十八届三中、四中、五中全会确立的全面建成小康社会的重要目标，也是全面推进依法治国的必然要求。未来几年，既是全面建成小康社会的决胜阶段，也是加快建设法治政府的关键时期。2015 年 12 月，中共中央、国务院印发了《法治政府建设实施纲要（2015—2020 年)》（以下简称《纲要》）。《纲要》是党和政府对人民作出的庄严承诺，是今后几年加快建设法治政府的奋斗宣言和行动纲领，标志着我国法治政府建设进入了与全面建成小康社会同步规划、同步实施、同步建成的决定性阶段。法治政府建设正展现出前所未有的"加速度"。

全面建成小康社会法治政府不能缺位

全面建成小康社会，难点在全面，重点在小康。就"全面"而言，我国不仅要实现物质文明的小康，而且要实现"五位一体"全面进步和社会公平正义的小康；就"小康"而言，既包括人民群众物质生活比较殷实，又包括法治政府基本建成。

改革开放以来，随着经济社会快速发展和人民生活水平普遍提高，广大人民群众的民主意识、法治意识、维权意识不断增强，全社会对公平正义的渴望比以往任何时候都更加强烈。政府是老百姓打交道最多的国家机关，也是老百姓感受公平正义最直接的国家机关。没有法治政府的基本建成，就难以保障社会公平正义，促进社会稳定和谐，使人民群众生活得更加幸福、更有尊严。这就要求我们必须把深入推进依法行政作为全面推进依法治国的主体工程，把加快建设法治政府作为建设社会主义法治国家中具有示范性和带动性的关键环节，率先实现重点突破，确保2020 年法治政府基本建成。

法治政府基本建成的 7 条主要标准

《纲要》明确规定"到 2020 年基本建成职能科学、权责法定、执法严明、公开公正、廉洁高效、守法诚信的法治政府"，这就勾勒出法治政府基本建成的总体轮廓。为了如期实现这一目标，《纲要》按照行政权运行的基本轨迹和依法行政的内在逻辑，针对当前法治政府建设的实际，提出了法治政府基本建成的 7 条标准。这 7 条标准凸显了法治政府的鲜明特征、建设方向和评价依据。

政府职能依法全面履行。政府在法治轨道上全面履行职能，是法治政府的第一位要求。当前，应牢固树立创新、协调、绿色、开放、共享的新发展理念，紧紧围绕政府职能转变这个核心，继续推进简政放权、放管结合、优化服务，以大力取消和下放行政审批事项为突破口，以实行"三个清单"制度为重要抓手，实现权力"瘦身"、职能"健身"，激发大众创业、万众创新活力，推动政府依法全面履行宏观调控、市场监管、社会管理、公共服务、环境保护等职责。

依法行政制度体系完备。完备的制度体系是法治政府运行的可靠保障。应在以宪法为核心的中国特色社会主义法律体系已经形成的基础上，继续完善政府立法体制机制，加强重点领域立法，提高政府立法的公众参与度，加强规范性文件监督管理，建立法规规章和规范性文件清理长效机制，进一步构建系统完备、科学规范、运行有效的依法行政制度体系，使政府管理各方面制度更加成熟更加定型。

行政决策科学民主合法。决策是行政权力运行的起点和规范的难点。行政决策制度科学、程序正当、过程公开、责任明确，是对法治政府的基本要求。应通过健全依法决策机制、增强公众参与实效、提高专家论证和风险评估质量、加强合法性审查、坚持集体讨论决定、严格决策责任追究等措施，推动决策法定程序严格落实、决策质量显著提高、决策效率切实保证，违法决策、不当决策、拖延决策明显减少并得到及时纠正，行政决策公信力和执行力大幅提升。

宪法法律严格公正实施。行政机关是宪法法律实施的主体，行政执法是行政机关履行政府职能、管理经济社会事务的主要方式，严格规范公正文明执法是建设法治政府的重点。应通过改革行政执法体制、完善行政执法程序、创新行政执法方式、全面落实行政执法责任制、健全行政执法人员管理制度、加强行政执法保障等有力措施，确保法律法规得到严格实施，各类违法行为得到及时查处和制裁，公民、法人和其他组织的合法权益得到切实保障，经济社会秩序得到有效维护，行政违法或不当行为明显减少，行政执法的社会满意度显著提高。

行政权力规范透明运行。加强对行政权力运行的制约和监督，是建设法治政府的关键。应推动形成科学有效的行政权力运行制约和监督体系，健全惩治和预防腐败体系，全面推进政务公开，使党内监督、人大监督、民主监督、司法监督、行政监督、审计监督、社会监督和舆论监督等各方面监督形成合力，切实保障人民群众的知情权、参与权、表达权、监督权，及时纠正损害公民、法人和其他组织合法权益的违法行政行为，依法依纪严肃追究违法行政责任人的责任。

人民权益切实有效保障。全心全意为人民服务，依法维护人民权益，是建设法治政府的根本目的。应针对当前社会利益关系复杂、矛盾易发多发的实际，健全依法化解纠纷机制，加强行政复议，完善行政调解、行政裁决、仲裁制度，加强人民调解工作，改革信访工作制度，全面形成公正、高效、便捷、成本低廉的多元化矛盾纠纷解决机制，充分发挥行政机关在预防、解决行政争议和民事纠纷中的作用，依法有效化解社会矛盾纠纷，切实保护公民、法人和其他组织的合法权益。

依法行政能力普遍提高。政府工作人员法治思维和依法行政能力的高低，直接决定法治政府建设的成败。应抓住领导干部这个全面依法治国的"关键少数"，树立重视法治素养和法治能力的用人导向，加强对政府工作人员的法治教育培训，完善法治能力考查测试制度，注重通过法治实践提高依法行政的意识和能力，使政府工作人员特别是领导干部牢固树立宪法法律至上、法律面前人人平等、权由法定、权依法使等基本法治理念，恪守合法行政、合理行政、程序正当、高效便民、诚实守信、权责统一等依法行政基本要求，做尊法学法守法用法的模范，做到法定职责必须为、法无授权不可为，在法治轨道上全面推进政府各项工作，实现法治政府建设与创新政府、廉洁政府、服务型政府建设相结合。

加快建设法治政府的重中之重是抓落实

《纲要》已经描绘出 2020 年基本建成法治政府的宏伟愿景、总体轮廓和行动方案，规划了建设法治政府的总蓝图、路线图、施工图，现在的关键是强责任、抓落实、见实效。

切实加强党对法治政府建设的领导。党的领导是中国特色社会主义法治之魂，是全面推进依法治国、加快建设法治政府的根本保证。应发挥各级党委领导核心作用，把党的领导贯彻到法治政府建设的各个方面。各级政府要在党委统一领导下谋划和落实好法治政府建设的各项任务，主动向党委报告法治政府建设中的重大问题，及时消除制约法治政府建设的体制机制障碍，加强各级政府及其部门法制力量建设，切实增强建设法治政府的使命感、紧迫感和责任感。

紧紧围绕建设法治政府的主要任务推动各项措施落地生根。各地区各部门应根据《纲要》确定的主要任务举措、时间进度安排和可检验成果形式，结合实际制定实施方案，每年部署法治政府建设重点工作以发挥牵引和突破作用，带动法治政府建设各项工作全面深入开展。作为牵头单位和负责单位的中央和国家机关有关部门和省级政府，应建立法治政府建设年度进展报告制度，及时向党中央、国务院报告工作进展情况。

坚决保证党政主要负责人履行好第一责任人职责。党政主要负责人应履行法治政府建设第一责任人职责，这是推进法治政府建设的重要组织保证。党政主要负责人既要挂帅又要出征，亲力亲为，不当甩手掌柜、不摆花架子，不能一年开一两次会、讲一两次话就了事。对不认真履行第一责任人职责，本地区本部门一年内发生多起重大违法行政案件、造成严重社会后果的，依法追究主要负责人的责任。县级以上地方各级政府每年第一季度要向同级党委、人大常委会和上一级政府报告上一年度法治政府建设情况，政府部门每年第一季度要向本级政府和上一级政府有关部门报告上一年度法治政府建设情况，报告要通过报刊、政府网站等向社会公开，接受人民群众的评议和监督。

充分运用考核评价和督促检查这个指挥棒。建设法治政府，考核评价十分重要。各级党委应把法治建设成效作为衡量各级领导班子和领导干部工作实绩的重要内容，纳入政绩考核指标体系，充分发挥考核评价对法治政府建设的重要推动作用。应对考核评价制度进行科学设计，对考核结果运用作出明确规定，在相同条件下优先提拔使用法治素养好、依法办事能力强的干部。应加强对法治政府建设进展情况的督促检查，结合法治政府建设年度重点工作开展定期检查和专项督查。对工作不力、问题较多的，要及时约谈、责令整改、通报批评。

在全社会形成加快建设法治政府的浓厚氛围。建设法治政府不仅是政府自身建设的大事，也是全社会共同关心、普遍瞩目的大事，关系亿万群众福祉。这就需要广泛宣传法治政府建设目标任务、工作部署、先进经验、典型做法，正确引导舆论，凝聚社会共识，营造全社会关心、支持和参与法治政府建设的良好社会氛围，推动法治政府建设与法治社会建设相互促进、相得益彰。

《纲要》是在深入推进依法行政、加快建设法治政府进程中具有里程碑意义的纲领性文件。它立足于中国国情和客观实际，全面总结了我国推进依法行政的成功经验；它遵循中国特色社会主义法治规律，系统部署了今后 5 年建设法治政府的创新举措；它先后经国务院常务会议、中央全面深化改革领导小组会议和中央政治局常委会议审议通过，第一次由党中央、国务院联合发文，实现法治政府建设五年规划与"十三五"经济社会发展五年规划同步同期，法治政府建设奋斗目标与全面建成小康社会奋斗目标同步同期。只要我们在以习近平同志为总书记的党中央坚强领导下，在国务院的大力推动下，解放思想、大胆实践、开拓进取、久久为功，就一定能破障闯关、攻坚克难，聚小胜为大胜、积跬步至千里，如期实现到 2020 年法治政府基本建成的奋斗目标。伴随着全面建成小康社会的雄壮乐章，我们清晰地听到法治政府正在铿锵走来。

法治政府新热点

《法治政府建设实施纲要（2015—2020 年）》学习问答

目 录

法治政府建设实施纲要（2015—2020 年）————————————————001

第一章 ┃ 法治政府建设的总体要求————————————————001

1 如何认识 2020 年基本建成法治政府的重大意义？　/ 002

2 法治政府建设的指导思想是什么？　/ 004

3 如何理解法治政府建设的目标？　/ 005

4 为什么建设法治政府必须坚持中国共产党的领导？在建设
　　法治政府中坚持党的领导主要体现在哪些方面？　/ 009

5 如何理解建设法治政府必须坚持人民主体地位？　/ 012

6 为什么建设法治政府必须坚持法律面前人人平等？　/ 014

7 为什么建设法治政府必须坚持依法治国和以德治国
　　相结合？　/ 016

8 为什么建设法治政府必须坚持从中国实际出发？　/ 017

9 如何理解"坚持依宪施政、依法行政、简政放权，把政府
　　工作全面纳入法治轨道，实行法治政府建设与创新政府、
　　廉洁政府、服务型政府建设相结合"？　/ 018

10 如何理解法治政府基本建成的衡量标准？ /020

第二章 | 依法全面履行政府职能   025

1 如何理解依法全面履行政府职能的目标？ /026

2 如何认识转变政府职能？ /028

3 怎样进一步做好简政放权工作？ /030

4 怎样推行各类清单管理制度？ /032

5 如何严格控制新设行政许可？ /036

6 怎样规范和改进行政审批行为？ /038

7 如何规范行政审批办理方面的中介服务？ /041

8 如何完善行政组织法律制度？ /042

9 如何完善行政程序法律制度？ /043

10 如何完善宏观调控？ /045

11 如何加强事中事后监管？ /046

12 如何创新社会治理？ /048

13 如何优化公共服务？ /051

14 如何强化政府的生态环境保护职能？ /053

第三章 | 完善依法行政制度体系   055

1 如何理解完善依法行政制度体系的目标？ /056

2 如何严格落实立法法的规定？ /056

3 如何坚持立改废释并举？ /058

4 如何完善行政法规规章制定程序和机制？ /059

5 什么是立法后评估？ /061

6 加强重点领域政府立法主要包括哪些方面？ /062

7 如何提高政府立法公众参与度？ /064

8 什么是规范性文件？ /065

9 制定规范性文件应当履行哪些程序？ /066

10 规范性文件备案审查应当符合哪些要求？ /068

11 清理行政法规、规章、规范性文件应当遵循哪些基本
要求？ /069

12 如何处理清理中发现问题的行政法规、规章、规范性
文件？ /071

13 怎样实现行政法规、规章、规范性文件目录和文本的
动态化、信息化管理？ /071

第四章 | 推进行政决策科学化、民主化、法治化　　　　073

1 如何理解推进行政决策科学化、民主化、法治化的
目标？ /074

2 健全依法决策机制应当坚持哪些原则？ /075

3 如何理解决策"法定程序"？ /076

4 如何增强公众参与实效，避免"走过场"？ /077

5 哪些决策事项需要进行专家论证？ /080

6 如何提高专家论证的质量？ /080

7 怎样进行决策风险评估？ /083

8 如何对行政决策进行合法性审查？ /084

9 如何加强合法性审查力量建设？ /085

10 如何进行重大决策的集体讨论决定？ /087

11 决策作出后如何跟踪问效？ /088

12 如何追究决策责任？ /089

第五章 | 坚持严格规范公正文明执法 _____ 091

1 怎样合理配置执法力量？ /092

2 加强综合执法需要从哪些方面着手？ /094

3 如何理顺城管执法体制？ /095

4 如何加强行政执法和刑事司法的衔接？ /097

5 如何完善行政执法程序？ /097

6 如何运用信息化手段促进行政执法规范化？ /101

7 在行政执法中可以采用哪些非强制性执法手段？ /102

8 全面落实行政执法责任制有哪些重要措施？ /103

9 怎样严格确定执法责任？ /104

10 如何建立常态化的责任追究机制？ /105

11 如何加强社会公众对执法活动的监督？ /106

12《纲要》对加强执法监督有什么要求？ /107

13 对行政执法人员的资格有哪些要求？ /108

14 如何加强行政执法人员的纪律约束和职业道德教育？ /110

15 如何对行政执法人员开展平时考核？ /111

16 如何加强行政执法保障？ /112

第六章 | 强化对行政权力的制约和监督 _____ 115

1 为什么要扎紧规范行政权力运行的"制度笼子"？ /116

2 加强政府诚信建设需要做哪些工作？ /117

3 行政机关要自觉接受哪些监督？ /118

4 如何加强行政监督？ /120

5 如何加强对政府内部权力的制约？ /123

6 如何完善审计监督？ /124

7 如何畅通社会监督渠道？ /125

8 如何充分发挥舆论监督的作用？ /127

9 如何理解政务公开中的"五公开"？ /128

10 政府信息公开主要包括哪些内容？ /130

11 政务公开有哪些创新方式？ /132

12 如何加强行政问责？ /134

第七章 | 依法有效化解社会矛盾纠纷_____ 137

1 行政机关在预防和化解社会矛盾纠纷中发挥什么
作用？ /138

2 行政机关如何引导支持公众依法维护自身权益？ /139

3 如何构建社会矛盾预警机制？ /141

4 如何构建有效的利益表达机制和协商沟通机制？ /142

5 怎样建立健全救济救助机制？ /143

6 怎样加强和改进行政复议工作？ /144

7 如何完善行政调解制度？ /147

8 如何健全行政裁决制度？ /149

9 如何完善仲裁制度？ /149

10 如何加强人民调解工作？ /150

11 行政机关如何处置复杂矛盾纠纷？ /152

12 如何改革信访工作制度？ /153

第八章 | 全面提高政府工作人员法治思维和依法行政能力__ 157

1 什么是法治思维？ /158

2 如何理解依法行政能力？ /159

3 为什么要全面提高政府工作人员的法治思维和依法

　　能力？ */160*

4 如何树立重视法治素养和法治能力的用人导向？ */162*

5 如何加强对政府工作人员法治素养和法治能力的

　　考核？ */163*

6 如何加强对政府工作人员的法治教育培训？ */165*

7 如何完善政府工作人员学法制度？ */167*

8 如何加强行政执法人员岗位培训？ */168*

9 如何加强公务员法律知识培训力度？ */170*

10 如何通过法治实践提高政府工作人员法治思维和依法

　　　行政能力？ */171*

第九章 ┃ 法治政府建设的组织保障和落实机制＿＿＿＿＿＿ *175*

1 如何加强党对法治政府建设的领导？ */176*

2 如何落实推进法治政府建设的第一责任人职责？ */177*

3 怎样完善法治政府建设情况报告制度？ */179*

4 如何强化法治政府建设的考核评价？ */181*

5 如何开展法治政府建设的督促检查？ */185*

6 如何推动法治政府建设的宣传引导？ */186*

7 如何加强政府法制力量建设？ */188*

8 如何切实推动《纲要》贯彻落实？ */192*

后 记 */195*

法治政府建设实施纲要

（2015—2020 年）

　　党的十八大把法治政府基本建成确立为到 2020 年全面建成小康社会的重要目标之一，意义重大、影响深远、任务艰巨。为深入推进依法行政，加快建设法治政府，如期实现法治政府基本建成的奋斗目标，针对当前法治政府建设实际，制定本纲要。

一、总体要求

　　（一）指导思想

　　高举中国特色社会主义伟大旗帜，全面贯彻党的十八大和十八届二中、三中、四中、五中全会精神，以马克思列宁主义、毛泽东思想、邓小平理论、"三个代表"重要思想、科学发展观为指导，深入贯彻习近平总书记系列重要讲话精神，根据全面建成小康社会、全面深化改革、全面依法治国、全面从严治党的战略布局，围绕建设中国特色社会主义法治体系、建设社会主义法治国家的全面推进依法治国总目标，坚持依法治国、依法执政、依法行政共同推进，坚持法治国家、法治政府、法治社会一体建设，深入推进依法行政，加快建设法治政府，培育和践行社会主义核心价值观，弘扬社会主义法治精神，推进国家治理体系和治理能力现代化，为实现"两个一百年"奋斗目标、实现中华民族伟大复兴的中国梦提供有力法治保障。

（二）总体目标

经过坚持不懈的努力，到2020年基本建成职能科学、权责法定、执法严明、公开公正、廉洁高效、守法诚信的法治政府。

（三）基本原则

建设法治政府必须坚持中国共产党的领导，坚持人民主体地位，坚持法律面前人人平等，坚持依法治国和以德治国相结合，坚持从中国实际出发，坚持依宪施政、依法行政、简政放权，把政府工作全面纳入法治轨道，实行法治政府建设与创新政府、廉洁政府、服务型政府建设相结合。

（四）衡量标准

政府职能依法全面履行，依法行政制度体系完备，行政决策科学民主合法，宪法法律严格公正实施，行政权力规范透明运行，人民权益切实有效保障，依法行政能力普遍提高。

二、主要任务和具体措施

（一）依法全面履行政府职能

目标：牢固树立创新、协调、绿色、开放、共享的发展理念，坚持政企分开、政资分开、政事分开、政社分开，简政放权、放管结合、优化服务，政府与市场、政府与社会的关系基本理顺，政府职能切实转变，宏观调控、市场监管、社会管理、公共服务、环境保护等职责依法全面履行。

措施：

1.深化行政审批制度改革。全面清理行政审批事项，全部取消非行政许可审批事项。最大程度减少对生产经营活动的许可，最大限度缩小投资项目审批、核准的范围，最大幅度减少对各类机构及其活动的认定。取消不符合行政许可法规定的资质资格准入许可，研究建立国家职业资格目录清单管理制度。直接面向基层、量大面广、由地方实施更方便有效的行政审批事项，一律下放地方和基层管理。加大取消和下放束缚企业生产经营、影响群众就业创业行政许可事项的力度，做好已取消和下放行政审批事项的落实和衔接，鼓励大众创业、万众创新。严格控制新设行政许可，加强合法性、必要性、合理性审查论证。对增加企业和公民负担的证照进行清理规范。对保留的行政审批事项，探索目录化、编码化管理，全面推行一个窗口办理、并联办理、限时办理、规范办理、透明办理、网上办理，提高行政效能，激发社会活力。加快投资项目在线审批监管平台建设，实施在线监测并向社会公开，2015 年实现部门间的横向联通及中央和地方的纵向贯通。加快推进相对集中行政许可权工作，支持地方开展相对集中行政许可权改革试点。全面清理规范行政审批中介服务，对保留的行政审批中介服务实行清单管理并向社会公布，坚决整治"红顶中介"，切断行政机关与中介服务机构之间的利益链，推进中介服务行业公平竞争。

2.大力推行权力清单、责任清单、负面清单制度并实行动态管理。在全面梳理、清理调整、审核确认、优化流程的基础上，将政府职能、法律依据、实施主体、职责权限、管理流程、监督方式等事项以权力清单的形式向社会公开，逐一厘清与行政权力相对应的责任事项、责任主体、责任方式。省级政府 2015 年年底前、市县两级政府 2016 年年底前基本完成政府工作部门、依法承担行政职能的事业单位权力清单的公布工作。开展编制国务院部门权力和责任清单试点。实行统一的市场准入制度，在制定负面清单基础上，各类市场主体可依法平等进入清单之外领域。建立行政事业性收费和政府性基金清单制度，清理取消不合法、不合规、不合理的收费基金项目，公布全国性、中央部门和单位及省级收费目录清单，减轻企业和公民负担。2015年年底前，没有法律法规依据且未按规定批准、越权设立的收费基金项目，政府提供普遍公共服务或体现一般性管理职能的行政事业性收费，没有法定依据的行政审批中介服务项目及收费，一律取消；擅自提高征收标准、扩大征收范围的，一律停止执行。

3. 优化政府组织结构。完善行政组织和行政程序法律制度，推进机构、职能、权限、程序、责任法定化。深化行政体制改革，优化政府机构设置、职能配置、工作流程，理顺部门职责关系，积极稳妥实施大部门制。创新行政管理方式，完善政府绩效管理。推进各级政府事权规范化、法律化，完善不同层级政府特别是中央和地方政府事权法律制度，强化中央政府宏观管理、制度设定职责和必要的执法权，强化省级政府统筹推进区域内基本公共服务均等化职责，强化市县政府执行职责。

4. 完善宏观调控。健全发展规划、投资管理、财政税收、金融等方面法律制度，加强发展战略、规划、政策、标准等制定和实施。切实转变政府投资管理职能，确立企业投资主体地位，制定并公开企业投资项目核准目录清单。完善主要由市场决定价格的机制，大幅缩减政府定价种类和项目，制定并公布政府定价目录，全面放开竞争性领域商品和服务价格。

5. 加强市场监管。清理、废除妨碍全国统一市场和公平竞争的各种规定和做法，破除部门保护、地区封锁和行业垄断。深化商事制度改革，继续清理工商登记前置审批，加快工商登记后置审批改革。进一步推进工商注册登记制度便利化，2015 年年底前实现工商营业执照、组织机构代码证、税务登记证"三证合一"、"一照一码"。推行电子营业执照和全程电子化登记，实行"一址多照"和"一照多址"。加强事中事后监管，创新市场监管方式，完善市场监管体系，建立透明、规范、高效的投资项目纵横联动、协同监管机制，实行综合监管，推广随机抽查，探索"智能"监管。加强社会信用体系建设，建立健全全国统一的社会信用代码制度和信用信息共享交换平台，推进企业信用信息公示"全国一张网"建设，依法保护企业和个人信息安全。完善外资管理法律法规，保持外资政策稳定、透明、可预期。健全对外投资促进制度和服务体系，支持企业扩大对外投资，推动装备、技术、标准、服务走出去。

6.创新社会治理。加强社会治理法律、体制机制、能力、人才队伍和信息化建设，提高社会治理科学化和法治化水平。完善社会组织登记管理制度。适合由社会组织提供的公共服务和解决的事项，交由社会组织承担。支持和发展社会工作服务机构和志愿服务组织。规范和引导网络社团社群健康发展，加强监督管理。深入推进社会治安综合治理，健全落实领导责任制。完善立体化社会治安防控体系，有效防范管控影响社会安定的问题，保护人民生命财产安全。提高公共突发事件防范处置和防灾救灾减灾能力。全方位强化安全生产，全过程保障食品药品安全。推进社会自治，发挥市民公约、乡规民约、行业规章、团体章程等社会规范在社会治理中的积极作用。

7.优化公共服务。着力促进教育、卫生、文化等社会事业健康发展，强化政府促进就业、调节收入分配和完善社会保障职能，加快形成政府主导、覆盖城乡、可持续的基本公共服务体系，实现基本公共服务标准化、均等化、法定化。建立健全政府购买公共服务制度，公开政府购买公共服务目录，加强政府购买公共服务质量监管。推进公共服务提供主体和提供方式多元化，凡属事务性管理服务，原则上都要引入竞争机制向社会购买；确需政府参与的，实行政府和社会资本合作模式。

8.强化生态环境保护。加快建立和完善有效约束开发行为和促进绿色发展、循环发展、低碳发展的生态文明法律制度。深化资源型产品价格和税费改革，实行资源有偿使用制度和生态补偿制度。改革生态环境保护管理体制，完善并严格实行环境信息公开制度、环境影响评价制度和污染物排放总量控制制度。健全生态环境保护责任追究制度和生态环境损害赔偿制度。对领导干部实行自然资源资产离任审计。

（二）完善依法行政制度体系

目标：提高政府立法质量，构建系统完备、科学规范、运行有效的依法行政制度体系，使政府管理各方面制度更加成熟更加定型，为建设社会主义市场经济、民主政治、先进文化、和谐社会、生态文明，促进人的全面发展，提供有力制度保障。

措施：

9.完善政府立法体制机制。严格落实立法法规定，坚持立改废释并举，完善行政法规、规章制定程序，健全政府立法立项、起草、论证、协调、审议机制，推进政府立法精细化，增强政府立法的及时性、系统性、针对性、有效性。完善立法项目向社会公开征集制度。通过开展立法前评估等方式，健全立法项目论证制度。重要行政管理法律法规由政府法制机构组织起草，有效防止部门利益和地方保护主义法律化。对部门间争议较大的重要立法事项，由决策机关引入第三方评估，充分听取各方意见，协调决定，不能久拖不决。探索委托第三方起草法律法规规章草案。定期开展法规规章立法后评估，提高政府立法科学性。对不适应改革和经济社会发展要求的法律法规规章，要及时修改和废止。加强行政法规、规章解释工作。

10.加强重点领域政府立法。围绕党和国家中心工作，加快推进完善社会主义市场经济体制，发展社会主义民主政治，建设社会主义先进文化，创新社会治理，保障公民权利和改善民生，维护国家安全，保护生态环境和加强政府自身建设等领域的政府立法。坚持在法治下推进改革、在改革中完善法治，实现立法和改革决策相统一、相衔接，做到重大改革于法有据、立法主动适应改革和经济社会发展需要。对实践证明已经比较成熟的改革经验和行之有效的改革举措，要及时上升为法律法规规章。

11.提高政府立法公众参与度。拓展社会各方有序参与政府立法的途径和方式。健全法律法规规章起草征求人大代表意见制度，充分发挥政协委员、民主党派、工商联、无党派人士、人民团体、社会组织在立法协商中的作用。建立有关国家机关、社会团体、专家学者等对政府立法中涉及的重大利益调整论证咨询机制。拟设定的制度涉及群众切身利益或各方面存在较大意见分歧的，要采取座谈会、论证会、听证会、问卷调查等形式广泛听取意见。除依法需要保密的外，法律法规规章草案要通过网络、报纸等媒体向社会公开征求意见，期限一般不少于30日。加强与社会公众的沟通，健全公众意见采纳情况反馈机制，广泛凝聚社会共识。

12.加强规范性文件监督管理。完善规范性文件制定程序，落实合法性审查、集体讨论决定等制度，实行制定机关对规范性文件统一登记、统一编号、统一印发制度。规范性文件不得设定行政许可、行政处罚、行政强制等事项，不得减损公民、法人和其他组织合法权益或者增加其义务。涉及公民、法人和其他组织权利义务的规范性文件，应当按照法定要求和程序予以公布，未经公布的不得作为行政管理依据。加强备案审查制度和能力建设，把所有规范性文件纳入备案审查范围，健全公民、法人和其他组织对规范性文件的建议审查制度，加大备案审查力度，做到有件必备、有错必纠。

13.建立行政法规、规章和规范性文件清理长效机制。根据全面深化改革、经济社会发展需要，以及上位法制定、修改、废止情况，及时清理有关行政法规、规章、规范性文件。自2015年起用3年时间，对国务院文件进行全面清理，清理结果向社会公布。2017年年底前，有关部门和地方政府要完成对现行行政法规、规章、规范性文件的清理工作，清理结果向社会公布。实行行政法规、规章、规范性文件目录和文本动态化、信息化管理，各级政府及其部门要根据规范性文件立改废情况及时作出调整并向社会公布。

（三）推进行政决策科学化、民主化、法治化

目标：行政决策制度科学、程序正当、过程公开、责任明确，决策法定程序严格落实，决策质量显著提高，决策效率切实保证，违法决策、不当决策、拖延决策明显减少并得到及时纠正，行政决策公信力和执行力大幅提升。

措施：

14.健全依法决策机制。完善重大行政决策程序制度，明确决策主体、事项范围、法定程序、法律责任，规范决策流程，强化决策法定程序的刚性约束。

15.增强公众参与实效。事关经济社会发展全局和涉及群众切身利益的重大行政决策事项，应当广泛听取意见，与利害关系人进行充分沟通，并注重听取有关人大代表、政协委员、人民团体、基层组织、社会组织的意见。各级行政机关特别是市县两级政府要加强公众参与平台建设，对社会关注度高的决策事项，应当公开信息、解释说明，及时反馈意见采纳情况和理由。推行文化教育、医疗卫生、资源开发、环境保护、公用事业等重大民生决策事项民意调查制度。

16.提高专家论证和风险评估质量。加强中国特色新型智库建设，建立行政决策咨询论证专家库。对专业性、技术性较强的决策事项，应当组织专家、专业机构进行论证。选择论证专家要注重专业性、代表性、均衡性，支持其独立开展工作，逐步实行专家信息和论证意见公开。落实重大决策社会稳定风险评估机制。

17.加强合法性审查。建立行政机关内部重大决策合法性审查机制，未经合法性审查或经审查不合法的，不得提交讨论。建立政府法制机构人员为主体、吸收专家和律师参加的法律顾问队伍，保证法律顾问在制定重大行政决策、推进依法行政中发挥积极作用。

18.坚持集体讨论决定。重大行政决策应当经政府常务会议或者全体会议、部门领导班子会议讨论，由行政首长在集体讨论基础上作出决定。行政首长拟作出的决定与会议组成人员多数人的意见不一致的，应当在会上说明理由。集体讨论情况和决定要如实记录、完整存档。

19. 严格决策责任追究。决策机关应当跟踪决策执行情况和实施效果，根据实际需要进行重大行政决策后评估。健全并严格实施重大决策终身责任追究制度及责任倒查机制，对决策严重失误或者依法应该及时作出决策但久拖不决造成重大损失、恶劣影响的，严格追究行政首长、负有责任的其他领导人员和相关责任人员的党纪政纪和法律责任。

（四）坚持严格规范公正文明执法

目标：权责统一、权威高效的行政执法体制建立健全，法律法规规章得到严格实施，各类违法行为得到及时查处和制裁，公民、法人和其他组织的合法权益得到切实保障，经济社会秩序得到有效维护，行政违法或不当行为明显减少，对行政执法的社会满意度显著提高。

措施：

20. 改革行政执法体制。根据不同层级政府的事权和职能，按照减少层次、整合队伍、提高效率的原则，合理配置执法力量。推进执法重心向市县两级政府下移，把机构改革、政府职能转变调整出来的人员编制重点用于充实基层执法力量。完善市县两级政府行政执法管理，加强统一领导和协调。大幅减少市县两级政府执法队伍种类，重点在食品药品安全、工商质检、公共卫生、安全生产、文化旅游、资源环境、农林水利、交通运输、城乡建设、海洋渔业、商务等领域内推行综合执法，支持有条件的领域推行跨部门综合执法。加大关系群众切身利益的重点领域执法力度。理顺城管执法体制，加强城市管理综合执法机构和队伍建设，提高执法和服务水平。理顺行政强制执行体制，科学配置行政强制执行权，提高行政强制执行效率。健全行政执法和刑事司法衔接机制，完善案件移送标准和程序，建立健全行政执法机关、公安机关、检察机关、审判机关信息共享、案情通报、案件移送制度。

21. 完善行政执法程序。建立健全行政裁量权基准制度，细化、量化行政裁量标准，规范裁量范围、种类、幅度。建立执法全过程记录制度，制定行政执法程序规范，明确具体操作流程，重点规范行政许可、行政处罚、行政强制、行政征收、行政收费、行政检查等执法行为。健全行政执法调查取证、告知、罚没收入管理等制度，明确听证、集体讨论决定的适用条件。完善行政执法权限协调机制，及时解决执法机关之间的权限争议，建立异地行政执法协助制度。严格执行重大行政执法决定法制审核制度，未经法制审核或者审核未通过的，不得作出决定。

22. 创新行政执法方式。推行行政执法公示制度。加强行政执法信息化建设和信息共享，有条件的地方和部门 2016 年年底前要建立统一的行政执法信息平台，完善网上执法办案及信息查询系统。强化科技、装备在行政执法中的应用。推广运用说服教育、劝导示范、行政指导、行政奖励等非强制性执法手段。健全公民和组织守法信用记录，完善守法诚信褒奖机制和违法失信行为惩戒机制。

23. 全面落实行政执法责任制。严格确定不同部门及机构、岗位执法人员的执法责任，建立健全常态化的责任追究机制。加强执法监督，加快建立统一的行政执法监督网络平台，建立健全投诉举报、情况通报等制度，坚决排除对执法活动的干预，防止和克服部门利益和地方保护主义，防止和克服执法工作中的利益驱动，惩治执法腐败现象。

24.健全行政执法人员管理制度。2016年年底前，各地区各部门对行政执法人员进行一次严格清理，全面实行行政执法人员持证上岗和资格管理制度，未经执法资格考试合格，不得授予执法资格，不得从事执法活动。健全纪律约束机制，加强职业道德教育，全面提高执法人员素质。逐步推行行政执法人员平时考核制度，科学合理设计考核指标体系，考核结果作为执法人员职务级别调整、交流轮岗、教育培训、奖励惩戒的重要依据。规范执法辅助人员管理，明确其适用岗位、身份性质、职责权限、权利义务、聘用条件和程序等。

25.加强行政执法保障。推动形成全社会支持行政执法机关依法履职的氛围。对妨碍行政机关正常工作秩序、阻碍行政执法人员依法履责的违法行为，坚决依法处理。各级党政机关和领导干部要支持行政执法机关依法公正行使职权，不得让行政执法人员做不符合法律规定的事情。行政机关履行执法职责所需经费，由各级政府纳入本级政府预算，保证执法经费足额拨付。改善执法条件，合理安排执法装备配备、科技建设方面的投入。严格执行罚缴分离和收支两条线管理制度，严禁下达或者变相下达罚没指标，严禁将行政事业性收费、罚没收入同部门利益直接或者变相挂钩。

（五）强化对行政权力的制约和监督

目标：科学有效的行政权力运行制约和监督体系基本形成，惩治和预防腐败体系进一步健全，各方面监督形成合力，人民群众的知情权、参与权、表达权、监督权得到切实保障，损害公民、法人和其他组织合法权益的违法行政行为得到及时纠正，违法行政责任人依法依纪受到严肃追究。

措施：

26. 健全行政权力运行制约和监督体系。坚持用制度管权管事管人，坚持决策权、执行权、监督权既相互制约又相互协调，完善各方面监督制度，确保行政机关按照法定权限和程序行使权力。起草法律法规规章和规范性文件，要有效落实公开行政权力运行流程、惩治和预防腐败、防控廉政风险、防止利益冲突等要求，切实把权力关进制度的笼子。加强行政程序制度建设，严格规范作出各类行政行为的主体、权限、方式、步骤和时限。发挥政府诚信建设示范作用，加快政府守信践诺机制建设。加强公务员诚信管理，建立公务员诚信档案。

27. 自觉接受党内监督、人大监督、民主监督、司法监督。在党委对党风廉政建设和反腐败工作的统一领导下，各级政府及其部门党组（党委）要切实履行主体责任，主要负责人是第一责任人，对本级政府本部门党风廉政建设负总责。认真执行向本级人大及其常委会报告工作制度，接受询问和质询制度，报备行政法规、规章制度。认真研究处理人大及其常委会组成人员对政府工作提出的有关审议意见，及时研究办理人大代表和政协委员提出的意见和建议，切实改进工作。健全知情明政机制，政府相关部门向政协定期通报有关情况，为政协委员履职提供便利、创造条件。支持人民法院依法受理行政案件，健全行政机关依法出庭应诉制度，尊重并执行人民法院生效裁判。检察机关对在履行职责中发现的行政违法行为进行监督，行政机关应当积极配合。

28.加强行政监督和审计监督。完善政府内部层级监督，改进上级行政机关对下级行政机关的监督，建立健全常态化、长效化监督制度。加强对政府内部权力的制约，对财政资金分配使用、国有资产监管、政府投资、政府采购、公共资源转让、公共工程建设等权力集中的部门和岗位实行分事行权、分岗设权、分级授权，定期轮岗，强化内部流程控制，防止权力滥用。各级监察机关要切实履行监督责任，确保廉政建设各项任务落实。完善审计制度，健全有利于依法独立行使审计监督权的审计管理体制，建立具有审计职业特点的审计人员管理制度，基本形成与国家治理体系和治理能力现代化相适应的审计监督机制。对公共资金、国有资产、国有资源和领导干部履行经济责任情况实行审计全覆盖。强化上级审计机关对下级审计机关的领导。

29.完善社会监督和舆论监督机制。建立对行政机关违法行政行为投诉举报登记制度，畅通举报箱、电子信箱、热线电话等监督渠道，方便群众投诉举报、反映问题，依法及时调查处理违法行政行为。发挥报刊、广播、电视等传统媒体监督作用，加强与互联网等新兴媒体的互动，重视运用和规范网络监督，建立健全网络舆情监测、收集、研判、处置机制，推动网络监督规范化、法治化。

30.全面推进政务公开。坚持以公开为常态、不公开为例外原则，推进决策公开、执行公开、管理公开、服务公开、结果公开。完善政府信息公开制度，拓宽政府信息公开渠道，进一步明确政府信息公开范围和内容。重点推进财政预算、公共资源配置、重大建设项目批准和实施、社会公益事业建设等领域的政府信息公开。完善政府新闻发言人、突发事件信息发布等制度，做好对热点敏感问题的舆论引导，及时回应人民群众关切。创新政务公开方式，加强互联网政务信息数据服务平台和便民服务平台建设，提高政务公开信息化、集中化水平。

31.完善纠错问责机制。加强行政问责规范化、制度化建设，增强行政问责的针对性和时效性。加大问责力度，坚决纠正行政不作为、乱作为，坚决克服懒政、庸政、怠政，坚决惩处失职、渎职。认真落实党风廉政建设责任制，坚持有错必纠、有责必问，对"四风"问题突出、发生顶风违纪问题或者出现区域性、系统性腐败案件的地方、部门和单位，既要追究主体责任、监督责任，又要严肃追究领导责任。

（六）依法有效化解社会矛盾纠纷

目标：公民、法人和其他组织的合法权益得到切实维护，公正、高效、便捷、成本低廉的多元化矛盾纠纷解决机制全面形成，行政机关在预防、解决行政争议和民事纠纷中的作用充分发挥，通过法定渠道解决矛盾纠纷的比率大幅提升。

措施：

32.健全依法化解纠纷机制。构建对维护群众利益具有重大作用的制度体系，建立健全社会矛盾预警机制、利益表达机制、协商沟通机制、救济救助机制。及时收集分析热点、敏感、复杂矛盾纠纷信息，加强群体性、突发性事件预警监测。强化依法应对和处置群体性事件机制和能力。依法加强对影响或危害食品药品安全、安全生产、生态环境、网络安全、社会安全等方面重点问题的治理。加大普法力度，引导和支持公民、法人和其他组织依法表达诉求和维护权益。

33.加强行政复议工作。完善行政复议制度，改革行政复议体制，积极探索整合地方行政复议职责。健全行政复议案件审理机制，加大公开听证审理力度，纠正违法或不当行政行为。提高行政复议办案质量，增强行政复议的专业性、透明度和公信力。县级以上地方政府要依法加强行政复议能力建设，推动相关机构设置、人员配备与所承担的工作任务相适应，充分发挥行政复议在解决行政争议中的重要作用。切实提高行政复议人员素质，落实办案场所和有关装备保障，行政复议经费列入本级政府预算。

34. 完善行政调解、行政裁决、仲裁制度。健全行政调解制度，进一步明确行政调解范围，完善行政调解机制，规范行政调解程序。健全行政裁决制度，强化行政机关解决同行政管理活动密切相关的民事纠纷功能。有关行政机关要依法开展行政调解、行政裁决工作，及时有效化解矛盾纠纷。完善仲裁制度，提高仲裁公信力，充分发挥仲裁解决经济纠纷、化解社会矛盾、促进社会和谐的作用。

35. 加强人民调解工作。贯彻落实人民调解法，健全人民调解组织网络，实现村委会、居委会人民调解组织全覆盖，推进企事业单位、乡镇街道、社会团体、行业组织中人民调解组织建设。重点协调解决消费者权益、劳动关系、医患关系、物业管理等方面的矛盾纠纷，促进当事人平等协商、公平公正解决矛盾纠纷。完善人民调解、行政调解、司法调解联动工作体系。

36. 改革信访工作制度。把信访纳入法治化轨道，保障合理合法诉求依照法律规定和程序就能得到合理合法的结果。规范信访工作程序，畅通群众诉求表达、利益协调和权益保障渠道，维护信访秩序。优化传统信访途径，实行网上受理信访制度，健全及时就地解决群众合理诉求机制。严格实行诉访分离，推进通过法定途径分类处理信访投诉请求，引导群众在法治框架内解决矛盾纠纷，完善涉法涉诉信访依法终结制度。

（七）全面提高政府工作人员法治思维和依法行政能力

目标：政府工作人员特别是领导干部牢固树立宪法法律至上、法律面前人人平等、权由法定、权依法使等基本法治理念，恪守合法行政、合理行政、程序正当、高效便民、诚实守信、权责统一等依法行政基本要求，做尊法学法守法用法的模范，法治思维和依法行政能力明显提高，在法治轨道上全面推进政府各项工作。

措施：

37. 树立重视法治素养和法治能力的用人导向。抓住领导干部这个全面依法治国的"关键少数"，把法治观念强不强、法治素养好不好作为衡量干部德才的重要标准，把能不能遵守法律、依法办事作为考察干部的重要内容，把严守党纪、恪守国法的干部用起来。在相同条件下，优先提拔使用法治素养好、依法办事能力强的干部。对特权思想严重、法治观念淡薄的干部要批评教育、督促整改，问题严重或违法违纪的，依法依纪严肃处理。

38. 加强对政府工作人员的法治教育培训。政府工作人员特别是领导干部要系统学习中国特色社会主义法治理论，学好宪法以及与自己所承担工作密切相关的法律法规。完善学法制度，国务院各部门、县级以上地方各级政府每年至少举办一期领导干部法治专题培训班，地方各级政府领导班子每年应当举办两期以上法治专题讲座。各级党校、行政学院、干部学院等要把宪法法律列为干部教育的必修课。健全行政执法人员岗位培训制度，每年组织开展行政执法人员通用法律知识、专门法律知识、新法律法规等专题培训。加大对公务员初任培训、任职培训中法律知识的培训力度。

39.完善政府工作人员法治能力考查测试制度。加强对领导干部任职前法律知识考查和依法行政能力测试，将考查和测试结果作为领导干部任职的重要参考，促进政府及其部门负责人严格履行法治建设职责。优化公务员录用考试测查内容，增加公务员录用考试中法律知识的比重。实行公务员晋升依法行政考核制度。

40.注重通过法治实践提高政府工作人员法治思维和依法行政能力。政府工作人员特别是领导干部想问题、作决策、办事情必须守法律、重程序、受监督，牢记职权法定，切实保护人民权益。要自觉运用法治思维和法治方式深化改革、推动发展、化解矛盾、维护稳定，依法治理经济，依法协调和处理各种利益问题，避免埋钉子、留尾巴，努力营造办事依法、遇事找法、解决问题用法、化解矛盾靠法的良好法治环境。注重发挥法律顾问和法律专家的咨询论证、审核把关作用。落实"谁执法谁普法"的普法责任制，建立行政执法人员以案释法制度，使执法人员在执法普法的同时不断提高自身法治素养和依法行政能力。

三、组织保障和落实机制

党的领导是全面推进依法治国、加快建设法治政府最根本的保证，必须坚持党总揽全局、协调各方，发挥各级党委领导核心作用，把党的领导贯彻到法治政府建设各方面。各级政府及其部门要自觉接受党的领导，切实增强建设法治政府的使命感、紧迫感和责任感，加强组织领导，强化工作责任，一级抓一级，层层抓落实。

41.加强党对法治政府建设的领导。各级政府要在党委统一领导下,谋划和落实好法治政府建设的各项任务,主动向党委报告法治政府建设中的重大问题,及时消除制约法治政府建设的体制机制障碍。各级政府及其部门要结合本地区本部门实际,每年部署法治政府建设年度重点工作,发挥牵引和突破作用,带动法治政府建设各项工作全面深入开展。加强各级政府及其部门法制力量建设,不断提高工作人员的思想政治素质和业务工作能力。

42.落实第一责任人责任。党政主要负责人要履行推进法治建设第一责任人职责,将建设法治政府摆在工作全局的重要位置。对不认真履行第一责任人职责,本地区本部门一年内发生多起重大违法行政案件、造成严重社会后果的,依法追究主要负责人的责任。县级以上地方各级政府每年第一季度要向同级党委、人大常委会和上一级政府报告上一年度法治政府建设情况,政府部门每年第一季度要向本级政府和上一级政府有关部门报告上一年度法治政府建设情况,报告要通过报刊、政府网站等向社会公开。

43.强化考核评价和督促检查。各级党委要把法治建设成效作为衡量各级领导班子和领导干部工作实绩的重要内容,纳入政绩考核指标体系,充分发挥考核评价对法治政府建设的重要推动作用。各级政府及其部门的党组织要领导和监督本单位模范遵守宪法法律,坚决查处执法犯法、违法用权等行为。要加强对法治政府建设进展情况的督促检查,结合法治政府建设年度重点工作,开展定期检查和专项督查。对工作不力、问题较多的,要及时约谈、责令整改、通报批评。

44. 加强理论研究、典型示范和宣传引导。加强中国特色社会主义法治政府理论研究，坚持从中国实际出发，解决中国实际问题，为法治政府建设提供理论支撑和决策参考。积极开展建设法治政府示范创建活动，大力培育建设法治政府先进典型。通过召开现场会、经验交流会等形式及时总结、交流和推广经验，充分发挥先进典型的示范带动作用。定期通报和曝光违法行政典型案例，分析原因、吸取教训、改进工作。大力开展推进依法行政、建设法治政府宣传工作。加强正面宣传引导，以报刊、广播、电视、网络等多种媒体形式，广泛宣传法治政府建设目标、工作部署、先进经验、典型做法，正确引导舆论、凝聚社会共识，营造全社会关心、支持和参与法治政府建设的良好社会氛围。

各地区各部门要结合实际制定实施方案，明确提出时间进度安排和可检验的成果形式，党政主要负责人要亲自抓落实，各项工作任务除本纲要有明确时间要求外，原则上应当在2019年年底前完成。中央和国家机关有关部门要根据部门职责承担并履行好本纲要确定的相关任务，并做好统筹协调，及时沟通协商，形成工作合力。作为牵头单位和负责单位的中央和国家机关有关部门和省级政府要建立法治政府建设年度进展报告制度，及时向党中央、国务院报告工作进展情况。国务院法制办要牵头做好督促检查。各地区各部门在实施本纲要的过程中，要注意研究法治政府建设的新情况新问题，解放思想、大胆实践、开拓进取、久久为功，运用法治思维和法治方式引领改革发展破障闯关、推动民生改善和社会公正，以更加奋发有为的精神状态，推动法治政府建设一步一个脚印向前迈进，为全面推进依法治国、建设社会主义法治国家作出扎扎实实的贡献。

第一章

法治政府建设的总体要求

2015 年 12 月，中共中央、国务院印发了《法治政府建设实施纲要（2015—2020 年)》（以下简称《纲要》)。《纲要》第一部分明确提出到 2020 年基本建成法治政府的指导思想、总体目标、基本原则和衡量标准。它是当前和今后一个时期各级党委和政府推进法治政府建设应当遵循的总纲。

① 如何认识 2020 年基本建成法治政府的重大意义？

"十三五"时期是全面建成小康社会决胜阶段。《纲要》作为新的历史时期我国法治政府建设的纲领性文件，是贯彻落实"五位一体"总体布局和"四个全面"战略布局的重要举措，是落实"十三五"规划的法治保障，对于全面推进依法治国、推进国家治理体系和治理能力现代化、实现全面建成小康社会的奋斗目标，将发挥重要作用。《纲要》的颁布实施，标志着我国法治政府建设进入了与全面建成小康社会同步规划、同步实施、同步建成的关键阶段，法治政府建设"进行时"正在展现出前所未有的"加速度"。全面贯彻实施《纲要》，是当前和今后一个时期各级党委和政府的重大任务。

第一，2020 年基本建成法治政府，是全面建成小康社会的内在要求。全面建成小康社会，难点在全面，重点在小康。就"全面"而言，我国不仅要实现物质文明的小康，而且要实现社会公平正义的小康；就"小康"而言，实现人民群众物质生活更加殷实是小康，实现"五位一体"全面进步、法治政府基本建成也是小康。改革开放以来，随着经济社会快速发展和人民生活水平普遍提高，广大人民群众的民主意识、法治意识、维权意识不断增强，全社会对公平正义的渴望比以往任何时候都更加强烈。政府是老百姓打交道最多的国家机关，是老百姓感受公平正义最直接的国家公器。因此，未来五年既是全面建成小康社会的决胜阶段，也是加快建设法治政府的关键时期。没有法治政府的基本建成，就难以保障社会公平正义，促进社会稳定和谐，使人民群众生活得更加幸福、更有尊严。

第二，2020 年基本建成法治政府，是全面深化改革的迫切需要。党的十八大以来，全面深化改革和全面依法治国成为两大时代主题，《中共中央关于全面深化改革若干重大问题的决定》（以下简称十八届三中全会《决定》）和《中共中央关于全面推进依法治国若干重大问题的决定》（以下简称十八届四中全会《决定》）成为对全面深化改革、全面依法治国进行顶层设计的姊妹篇。从一定意义上说，改革是破，法治是立；改革是变，法治是定。改革就是要变旧法、立新法。党的十八届三中全会确定全面深化改革的总目标是完善和发展中国特色社会主义制度，推进国家治理体系和治理能力现代化，部署了 336 项改革任务，要求必须到 2020 年全面完成，以加快形成一整套更加成熟更加定型的长效机制和制度。政府是全面深化改革和全面依法治国的重要推进力量，建设法治政府是改革和法治需要共同承担的艰巨任务。因此，为了更好地发挥改革和法治的双轮驱动作用，必须深入推进依法行政、加快建设法治政府，坚持在法治下推进改革、在改革中完善法治，更加自觉地运用法治思维和法治方式来深化改革、推动发展、化解矛盾、维护稳定，依法治理经济，依法协调和处理各种利益和问题，避免埋钉子、留尾巴，使国家和社会在深刻变革中既生机勃勃又井然有序。

第三，2020 年基本建成法治政府，是全面依法治国的重大任务。党的十八届四中全会把建设中国特色社会主义法治体系，建设社会主义法治国家确立为全面推进依法治国的总目标，把坚持依法治国、依法执政、依法行政共同推进，坚持法治国家、法治政府、法治社会一体建设确定为全面推进依法治国的工作布局。全面推进依法治国是一项战略性、全局性系统工程，必须做到统筹兼顾、突出重点、以点带面、纲举目张，关键在于党坚持依法执政，各级政府坚持依法行政。因此，这就要求把深入推进依法行政作为全面推进依法治国的主体工程，把加快建设法治政府作为建设社会主义法治国家中具有示范性和带动性的关键环节，率先实现重要突破，早日取得明显成效。

❷ 法治政府建设的指导思想是什么？

法治政府建设的指导思想是指导全部行政活动的理论体系。《纲要》在开篇布局的"总体要求"部分就旗帜鲜明地提出，法治政府建设的指导思想是："高举中国特色社会主义伟大旗帜，全面贯彻党的十八大和十八届二中、三中、四中、五中全会精神，以马克思列宁主义、毛泽东思想、邓小平理论、'三个代表'重要思想、科学发展观为指导，深入贯彻习近平总书记系列重要讲话精神，根据全面建成小康社会、全面深化改革、全面依法治国、全面从严治党的战略布局，围绕建设中国特色社会主义法治体系、建设社会主义法治国家的全面推进依法治国总目标，坚持依法治国、依法执政、依法行政共同推进，坚持法治国家、法治政府、法治社会一体建设，深入推进依法行政，加快建设法治政府，培育和践行社会主义核心价值观，弘扬社会主义法治精神，推进国家治理体系和治理能力现代化，为实现'两个一百年'奋斗目标、实现中华民族伟大复兴的中国梦提供有力法治保障。"这明确了法治政府建设的制度属性和前进方向。

法治国家、法治政府、法治社会一体建设。 朱慧卿 / 作

③ 如何理解法治政府建设的目标？

党的十八大将法治政府基本建成确立为全面建成小康社会的重要目标之一。党的十八届四中全会《决定》对"深入推进依法行政，加快建设法治政府"作了全面部署。《纲要》在此基础上进一步明确，法治政府建设的总体目标是"经过坚持不懈的努力，到 2020 年基本建成职能科学、权责法定、执法严明、公开公正、廉洁高效、守法诚信的法治政府"。

职能科学。政府职能是指行政机关在管理国家和社会事务，并为社会提供公共服务过程中的基本职责和功能作用。政府职能在行政体制中占有重要地位，是确定各级政府权力范围和任务的基础。行政机关的活动内容和任务都必须根据已经确定的职能来开展和进行，否则就有可能导致政府职能的越位、缺位和错位。当前，我国正处在全面深化改革和加快转变经济发展方式的关键时期，这就要求政府有所为、有所不为，最大限度减少对微观事务的干预，把精力主要放在营造公平竞争的市场环境、提供必需的公共服务、维护社会公平正义上，实现从"全能政府"向"有限政府"转变。

权责法定。用法律制度规范政府权力的配置和运行是人类文明发展的一项重要成果。法治是规则之治，法治政府必然要求政府的权力和责任由法律明确规定，给政府权力设定边界。政府越过法定的边界，不仅其行为无效，还要被追究法律责任。权责法定还要求依法明确政府及其部门职责的范围，确定应该做的事项。对于法律明确应该做的事项，行政机关不做就是不作为，就要被追究法律责任。可以说，权责法定的宗旨就是保障政府在履行职责时不越位、不错位、不缺位。推行权力清单、责任清单和负面清单制度，是落实党的十八届二中、三中、四中、五中全会精神的重要改革举措，是实现简政放权、放管结合的重要制度安排。权力清单、责任清单，就是要求行政机关将各项行政权力和职责进行全面梳理，向社会公开，做到权依法使、责依法担。负面清单，就是只列法律法规禁止的事项，除此之外，法律法规不进行干预，努力做到市场主体法无禁止即可为。

执法严明。目前，中国特色社会主义法律体系已经形成，总体上解决了有法可依问题。如何确保法律得到全面正确实施，已成为全面推进依法治国、建设社会主义法治国家的关键所在。行政机关担负着贯彻实施宪法和法律的重要职责，行政机关的执法能力和执法水平如何，很大程度上影响法治中国建设进程。只有坚持严格规范公正文明执法，做到有法必依、执法必严、违法必究，努力让人民群众从每一起执法案件、每一项执法活动中都能感受到公平正义，才能确保宪法和法律得到全面正确实施，使法律在实施过程中体现出权威和尊严。

公开公正。公开公正包括公开和公正两项要求，两者有着密切的联系。公开是公正的保障，公正是公开追求的目标。公开，是要求行政机关履行职责时，除涉及国家秘密、商业秘密和个人隐私外，应当按照法定程序向当事人或社会公众公开。公正，不仅要求行政机关应当按照法律、法规规定的条件、种类和幅度范围实施行政管理，而且要求行政机关的行为符合法律的意图或者精神，符合公平正义等法律理性。相对合法行政而言，合理行政是对行政机关实施行政管理提出的更高要求：一是行政机关实施行政管理，应当遵循公平、公正原则，平等对待当事人，不偏私、不歧视。要求同等情况同等对待、不同情况区别对待。同等情况同等对待，是指行政机关在同时面对多个相对人，情况基本相同的，应当同等对待。不同情况区别对待，是指行政机关应当针对相对人的具体情况设定权利义务，区别对待。平等对待并非意味着不分情况，不管差异一律相同，对于一些社会弱势群体，应当给予特殊优待和保护。二是在行使裁量权时，必须考虑一切应当考虑的因素，尤其是法律、法规、规章要求行政机关考虑的因素，尽可能排除一切不合理因素的干扰。

廉洁高效。廉洁高效包括廉洁和高效两项具体目标。廉洁，要求行政机关工作人员不谋私利，不贪腐，干干净净做事，堂堂正正为官。"公生明，廉生威"，干部清正、政府清廉、政治清明是现代社会对政府的基本要求。政府是否廉洁直接关系人民群众对党和政府的信任、对建设中国特色社会主义伟大事业的信心。只有不断推进廉洁政府建设，加强对权力运行的制约和监督，才能以廉洁的形象赢得人民群众的信任和支持。高效，要求行政机关及其工作人员依法高效率、高效益地履行职责，最大程度地方便人民群众。效率针对行政权力运行的过程，是办事速度方面的要求；效益则针对行政权力运行的结果，要求以较少的行政资源投入实现行政管理目的，并且取得好的效果。高效是衡量行政机关工作质量的重要标准，也是决定行政机关能否真正落实服务于民宗旨的重要环节。实现高效便民的目标，既要着眼于改革行政体制，又要着眼于提高行政机关自身效率，做到内外结合、标本兼治。要通过推进政府工作制度化、规范化建设，用好的机制、好的制度管人管事，优化办事流程，提高政府效能。同时，要结合现代科学技术的发展，大力加强电子政务建设，提高政府办事效率，使人民群众通过网络等方式得到更广泛、更快捷的信息和服务。政府要做到高效，还应当加强行政机关作风建设，政府工作人员只有讲规矩、讲程序、讲效率，才能真正做到勤政务实、清正廉明地为人民服务。

守法诚信。守法诚信包括守法和诚信两项目标。李克强总理多次强调法治政府建设，要求"政府履行职能必须依靠法治"，"国务院及各部门和地方各级人民政府要带头维护宪法法律权威，无论履行哪一项职能，从行为到程序、从内容到形式、从决策到执行都必须符合法律规定，让行政权力在法律和制度的框架内运行"。政府守法，包括实体守法和程序守法。行政权力运行要符合法律、法规、规章关于实施机关、条件、幅度、方式等实体内容的规定，否则就构成实体违法。同时，也要符合法律、法规、规章规定的程序。随着行政权力在现代社会的扩张，行政程序在行政机关的管理和服务中将发挥越来越重要的作用。诚信是指行政机关必须对自己的言行负责。诚信原则要求行政机关及其工作人员发布的信息全面、真实、准确；制定的法规、规章、政策保持相对稳定，不能朝令夕改；严格执行法律、法规、规章以及有关政策，对承诺的事一定要办到位，不能"放空炮"；由于行政机关违法导致公民、法人和其他组织损失的，要依法予以赔偿；出于公共利益或者其他法定事由撤回或者变更行政决定的，对当事人因此受到的损失要依法给予补偿。

④ 为什么建设法治政府必须坚持中国共产党的领导？在建设法治政府中坚持党的领导主要体现在哪些方面？

坚持中国共产党的领导是建设法治政府必须坚持的首要基本原则。

第一，中国共产党的领导是中国特色社会主义最本质的特征，是社会主义法治最根本的保证。习近平总书记指出："我们治国理政的本根，就是中国共产党领导和社会主义制度。"把党的领导贯彻到依法治国全过程和各方面，是我国社会主义法治建设的一条基本经验和基本原则，必须毫不动摇地坚持。党的十八届四中全会《决定》明确提出："各级政府必须坚持在党的领导下、在法治轨道上开展工作，创新执法体制，完善执法程序，推进综合执法，严格执法责任，建立权责统一、权威高效的依法行政体制，加快建设职能科学、权责法定、执法严明、公开公正、廉洁高效、守法诚信的法治政府。"推进法治政府建设，必须坚持党的领导是题中应有之义。

第二，中国共产党是中国特色社会主义事业的领导核心，这是历史的选择、人民的选择。近代以来，中华民族面临着两大历史任务：一是求得民族独立和人民解放，另一是实现国家富强和人民幸福。九十多年来，中国共产党紧紧依靠人民完成了新民主主义革命，实现了民族独立和人民解放；完成了社会主义革命，确立了社会主义基本制度并取得了社会主义建设的巨大成就；进行了改革开放新的伟大革命，开创、坚持和发展了中国特色社会主义。全部的中国近代史和现代史都证明了，没有中国共产党的领导，就没有中国的独立、解放和现代化。邓小平同志曾指出，在中国这样的大国，没有共产党的领导，必然四分五裂、一事无成。

2012年11月8日，中国共产党第十八次全国代表大会在北京人民大会堂开幕。

新华社 李涛／摄

第三，中国共产党的领导地位、执政地位是我国宪法确立的。我国宪法总纲第一条开宗明义地规定："中华人民共和国是工人阶级领导的、以工农联盟为基础的人民民主专政的社会主义国家。"工人阶级领导是通过它的先锋队——中国共产党的领导来实现的。

在建设法治政府中坚持党的领导，主要体现在以下方面：

第一，在建设法治政府中，必须坚持党的领导核心作用。《纲要》明确规定："党的领导是全面推进依法治国、加快建设法治政府最根本的保证，必须坚持党总揽全局、协调各方，发挥各级党委领导核心作用，把党的领导贯彻到法治政府建设各方面。"各级政府要在党委统一领导下，谋划和落实好法治政府建设的各项任务，主动向党委报告法治政府建设中的重大问题，及时消除制约法治政府建设的体制机制障碍。

第二，在建设法治政府中，必须坚持党的政治和组织保证作用。《纲要》明确要求："树立重视法治素养和法治能力的用人导向。抓住领导干部这个全面依法治国的'关键少数'，把法治观念强不强、法治素养好不好作为衡量干部德才的重要标准，把能不能遵守法律、依法办事作为考察干部的重要内容，把严守党纪、恪守国法的干部用起来。"各级党委要把法治建设成效作为衡量各级领导班子和领导干部工作实绩的重要内容，纳入政绩考核指标体系，充分发挥考核评价对法治政府建设的重要推动作用等。

第三，在建设法治政府中，必须充分发挥各级党组织的战斗堡垒作用。《纲要》明确提出："在党委对党风廉政建设和反腐败工作的统一领导下，各级政府及其部门党组（党委）要切实履行主体责任，主要负责人是第一责任人，对本级政府本部门党风廉政建设负总责。"各级政府及其部门的党组织要领导和监督本单位模范遵守宪法法律，坚决查处执法犯法、违法用权等行为。

⑤ 如何理解建设法治政府必须坚持人民主体地位？

党的十八届四中全会《决定》把"坚持人民主体地位"作为实现全面推进依法治国总目标的基本原则之一，既是对我国社会主义法治建设成功经验的科学总结，也是坚持马克思主义历史唯物主义基本原理得出的必然结论。

我国的国体和政体决定了人民是依法治国的主体和力量源泉。根据我国《宪法》第一条、第二条的规定，中华人民共和国是工人阶级领导的、以工农联盟为基础的人民民主专政的社会主义国家；人民行使国家权力的机关是全国人民代表大会和地方各级人民代表大会。上述规定阐明了我国的国体和政体，同时阐明了包括社会各阶层人民在内的最广大人民是国家的主人。

历史唯物主义作为关于人类社会历史发展一般规律的科学，揭示了人民群众是社会生产力、社会生活和社会历史的主体。人民群众对历史的创造活动既受客观规律制约，具有客观性，又有主观能动性，具有主体性。正是基于历史唯物主义这一基本原理，我们党一贯强调"人民，只有人民，才是创造世界历史的动力"，一贯强调"人民，只有人民，才是国家和社会的主人"。人民既然是创造世界历史的主人，是我们国家和社会的主人，当然就是全面推进依法治国的主体。

建设法治政府，同样要遵循"坚持人民主体地位"这个基本原则。

第一，人民是行政机关一切权力的来源主体。根据我国《宪法》的规定，中华人民共和国的一切权力属于人民；人民行使国家权力的机关是全国人民代表大会和地方各级人民代表大会；全国人民代表大会和地方各级人民代表大会都由民主选举产生，对人民负责，受人民监督；国家行政机关、审判机关、检察机关都由人民代表大会产生，对它负责，受它监督。可以说，行政机关的一切权力来自宪法、法律的授权，最终来自于人民的授权。

第二，人民是建设法治政府的推进主体。习近平总书记指出，坚持人民主体地位，必须坚持法治为了人民、依靠人民、造福人民、保护人民。要保证人民在党的领导下，依照法律规定，通过各种途径和形式管理国家事务，管理经济和文化事业，管理社会事务。推进法治政府建设的深厚力量源泉在于人民，在于广大人民群众的广泛参与和监督。为了实现人民对法治政府建设的推进和监督作用，《纲要》做出了一系列规定，如：拓展社会各方有序参与政府立法的途径和方式；行政机关要认真研究处理人大及其常委会组成人员对政府工作提出的有关审议意见；全面推进政务公开，接受人民监督，等等。

第三，人民是建设法治政府的受益主体。全心全意为人民服务是党的根本宗旨，也是政府一切工作的出发点和落脚点。建设法治政府，必须依法维护人民利益，维护社会公平正义，促进共同富裕。《纲要》对此作出了一系列规定，比如：加大取消和下放束缚企业生产经营、影响群众就业创业行政许可事项的力度，做好已取消和下放行政审批事项的落实和衔接，鼓励大众创业、万众创新；加大关系群众切身利益的重点领域执法力度；构建对维护群众利益具有重大作用的制度体系，等等。

⑥ 为什么建设法治政府必须坚持法律面前人人平等？

党的十八届四中全会《决定》把"坚持法律面前人人平等"确定为全面推进依法治国应当坚持的基本原则之一。坚持法律面前人人平等，是人类社会文明进步的重要标志，是实现社会公平正义的重要保证。坚持法律面前人人平等，也是建设法治政府应当遵循的基本原则。

第一，建设法治政府必须坚持法律面前人人平等，旨在依法维护社会公平正义。党的十八大报告提出，必须坚持维护社会公平正义，逐步建立以权利公平、机会公平、规则公平为主要内容的社会公平保障体系，努力营造公平的社会环境，保证人民平等参与、平等发展权利。建立社会公平保障体系，首先要做到规则公平，主要体现为立法的平等，提高立法公众参与度，拓展社会各方有序参与立法的途径和方式；法律的内容平等、公平，保证所有公民平等享受公民权利、平等履行公民义务。其次是做到法律的执行公平，对所有人平等适用，不歧视、不偏私。

第二，建设法治政府必须坚持法律面前人人平等，旨在反特权、反歧视。坚持法律面前人人平等，一方面要反特权，不允许存在所谓的"一等公民"，任何人都不得拥有不受法律约束的法外特权，一切违反宪法法律的行为都必须受到追究和制裁，不能因为其有钱有权而法外开恩。另一方面要反歧视，不允许存在所谓的"二等公民"，对弱势群体更要强调法律保护，不能在坚持法律面前人人平等上缩水。

第三，建设法治政府必须坚持法律面前人人平等，旨在规范和约束公权力。恩格斯讲过，"防止国家和国家机关由社会公仆变为社会主人。"各级行政机关和公务员手中握有公权力，公权力具有强制性和不平等性，易被滥用。因此，建设法治政府、真正解决权大于法的问题，必须以规范和约束公权力为重点，加大监督力度，做到有权必有责、用权受监督、违法必追究；坚持用制度管权管事管人，坚持决策权、执行权、监督权既相互制约又相互协调，完善各方面监督制度，切实把权力关进制度的笼子，确保行政机关按照法定权限和程序行使权力，惩治和预防腐败。

📺 | 相关链接 |

《中华人民共和国宪法》第五条：

中华人民共和国实行依法治国，建设社会主义法治国家。

国家维护社会主义法制的统一和尊严。

一切法律、行政法规和地方性法规都不得同宪法相抵触。

一切国家机关和武装力量、各政党和各社会团体、各企业事业组织都必须遵守宪法和法律。一切违反宪法和法律的行为，必须予以追究。

任何组织或者个人都不得有超越宪法和法律的特权。

7 为什么建设法治政府必须坚持依法治国和以德治国相结合？

党的十八届四中全会《决定》提出，建设中国特色社会主义法治体系，建设社会主义法治国家，必须坚持依法治国和以德治国相结合。这是全面推进依法治国必须把握的一个基本原则，也是建设法治政府必须遵循的一个基本原则。

法律是成文的道德，道德是内心的法律。要坚持依法治国和以德治国相结合，把法治建设和道德建设紧密结合起来，把他律和自律紧密结合起来，做到法治和德治相辅相成、相互促进。法治属于政治建设、政治文明范畴；德治属于思想建设、精神文明范畴。虽然二者的范畴不同，但作为上层建筑的共同组成部分，都是维护社会秩序、规范人的行为的重要手段。法治以其权威性和强制力规范社会成员的行为，是一种他律之治；德治则以其说服力和劝导力提高社会成员的思想认识和道德觉悟，是一种自律之治，它不仅可以约束人的行为，还可以引导人的思想意识，并通过对人的思想意识的引导来达到约束人的行为的目的。坚持依法治国和以德治国相结合，是我们党对古今中外治国经验的深刻总结，是坚持走中国特色社会主义法治道路、在新的历史起点上坚持和发展中国特色社会主义的内在要求，也是促进社会和谐稳定、确保国家长治久安、实现国家治理体系和治理能力现代化的客观需要，要长期坚持、毫不动摇。

在推进法治政府建设中坚持依法治国和以德治国相结合的基本原则，应当侧重在以下方面：

第一，把规范公权力放在首要位置，完善依法行政制度体系，强化对行政权力的制约和监督，督促各级行政机关及其工作人员严格依法行政、严格实施法律法规规章。

第二，发挥政府诚信建设示范作用，加快政府守信践诺机制建设，建立公务员诚信档案。

第三，健全行政执法人员纪律约束机制，加强职业道德教育，全面提高执法人员素质。

第四，加强对政府工作人员的法治教育培训。政府工作人员特别是领导干部要系统学习中国特色社会主义法治理论，学好宪法以及与自己所承担工作密切相关的法律法规，自觉培育和践行社会主义核心价值观，做尊法学法守法用法的模范。

第五，对于公民、法人等社会主体，加大普法教育和培育社会主义核心价值观的力度，健全公民和组织守法信用记录，完善守法诚信褒奖机制和违法失信行为惩戒机制等。

8 为什么建设法治政府必须坚持从中国实际出发？

坚持从中国实际出发，是我们党运用辩证唯物主义原理对我国社会主义法治建设经验的科学总结，对坚持走中国特色社会主义法治道路、在新的历史起点上坚持和发展中国特色社会主义有深远的指导意义。建设法治政府同样必须坚持从中国实际出发。

我们所要建设的法治政府，是中国特色社会主义的法治政府，而不是以西方国家的政府为标准或者参照的所谓"法治政府"。讲当今中国的最根本实际，离不开中国特色社会主义道路、中国特色社会主义理论体系、中国特色社会主义制度。建设法治政府，必须坚定不移走中国特色社会主义道路，坚定不移贯彻中国特色社会主义理论体系，坚定不移坚持中国特色社会主义制度。

建设法治政府，必须从我国基本国情出发。党的十八大报告指出，我们必须清醒认识到，我国仍处于并将长期处于社会主义初级阶段的国情没有变，人民日益增长的物质文化需求同落后的社会生产之间的矛盾这一社会主要矛盾没有变，我国是世界上最大发展中国家的国际地位没有变。推进法治政府建设，要牢牢把握社会主义初级阶段这个最大国情和最大实际。现阶段我们所要建成的法治政府是社会主义初级阶段水平的、是与全面建成小康社会相适应的法治政府，我国下一阶段还要建设更高水平的法治政府。

建设法治政府，必须服从服务于改革、发展、稳定这一党和国家工作大局，同改革开放不断深化相适应，不能就法治讲法治、为法治搞法治。

⑨ 如何理解"坚持依宪施政、依法行政、简政放权，把政府工作全面纳入法治轨道，实行法治政府建设与创新政府、廉洁政府、服务型政府建设相结合"？

何谓依宪施政？宪法是我国的根本大法，是治国安邦的总章程，具有最高的法律地位、法律权威和法律效力。我国《宪法》第五条规定，一切国家机关和武装力量、各政党和各社会团体、各企业事业组织都必须遵守宪法和法律。根据《宪法》规定，国务院和地方各级人民政府作为国家权力机关的执行机关，作为行政机关，负有严格贯彻实施宪法和维护宪法尊严的职责，依照宪法规定行使行政权力。

何谓依法行政？所谓依法行政，是指行政机关依据法律法规的规定取得、行使行政权力，并对行政行为的后果承担相应的责任。作为行政行为依据的"法"是一个广义概念，不仅包括法律的规定，也包括法规和规章的规定；不仅包括法律规范，也包括法律的一般原则、法律精神和法律目的。

何谓简政放权？就是简化、取消过多、过滥、过繁的行政审批，向方便企业和老百姓办事的基层行政机关下放行政审批权，或者直接取消行政审批从而向社会放权，促进大众创业、万众创新。简政放权成为今后一个时期各级政府的工作方向和改革着力点，也是建设法治政府应当遵循的原则。

2015 年 12 月 4 日，我国第二个国家宪法日，沈阳市公安民警向群众普及法律知识。

黄金崑／摄

2015年3月5日，李克强总理作政府工作报告时强调，加快建设法治政府、创新政府、廉洁政府和服务型政府，增强政府执行力和公信力，促进国家治理体系和治理能力现代化。2016年3月5日，李克强总理作政府工作报告时提出，"面对异常艰巨复杂的改革发展任务，各级政府要深入贯彻落实新发展理念，把全面建成小康社会使命扛在肩上，把万家忧乐放在心头，建设人民满意的法治政府、创新政府、廉洁政府和服务型政府"。这是李克强总理代表国务院向全国人民代表大会所作的承诺，也是向全国人民所作的承诺，它是今后各级政府施政的努力方向和价值遵循。

⑩ 如何理解法治政府基本建成的衡量标准？

《纲要》在明确法治政府建设的总体目标的同时，又提出了法治政府基本建成的七个衡量标准，即政府职能依法全面履行、依法行政制度体系完备、行政决策科学民主合法、宪法法律严格公正实施、行政权力规范透明运行、人民权益切实有效保障、依法行政能力普遍提高。上述衡量标准将构成法治政府基本建成的"可细化""可操作""可评价""可感知"的评价依据。

第一，建设法治政府，必须切实解决政府职能转变到位、依法全面履行职能到位的问题。政府职能转变到位，就是推动政府职能向创造良好发展环境、提供优质公共服务、维护社会公平正义转变到位。政府职能依法全面履行，前提是解决好政府职能的科学定位问题。《纲要》根据党的十八届三中全会《决定》精神，提出政府的职能应当定位为：宏观调控、市场监管、社会管理、公共服务、环境保护等职责，强化中央政府宏观管理、制度设定职责和必要的执法权，强化省级政府统筹推进区域内基本公共服务均等化职责，强化市县政府执行职责。评判政府职能是否依法全面履行，就是衡量评价中央政府及其部门的宏观调控、制度设定职责和必要的执法权是否依法全面履行到位，衡量评价各级地方政府市场监管、社会管理、公共服务、环境保护等职能是否依法全面履行到位。

第二，《纲要》明确法治政府建设的总体目标之一是政府权责法定，如何实现政府权责法定，前提是依法行政制度体系完备，行政机关行使权力、履行职责、承担责任有所遵循，而不能是随心所欲、自由裁量、有权无责。依法行政制度体系完备，具有以下两层含义：一是依法行政制度体系更加严密。党的十八届四中全会提出建设中国特色社会主义法治体系，对构建依法行政制度体系提出了新的更高要求。《纲要》提出，完善行政组织和行政程序法律制度，推进机构、职能、权限、程序、责任法定化；完善不同层级政府特别是中央和地方政府事权法律制度；完善重大行政决策程序制度，等等。二是依法行政制度建设质量更高。十八届四中全会《决定》强调，建设中国特色社会主义法治体系，必须坚持立法先行，发挥立法的引领和推动作用，抓住提高立法质量这个关键。因此，《纲要》提出，提高政府立法质量，构建系统完备、科学规范、运行有效的依法行政制度体系，使政府管理各方面制度更加成熟更加定型。

第三，行政决策科学，就是衡量行政决策是否体现创新、协调、绿色、开放、共享的发展理念，做到坚持从实际出发，尊重科学知识和规律，运用科学方法，积极发挥各方面专家和智库的专业作用，保证行政决策符合经济社会发展的客观需要，不违背经济社会发展的客观规律。行政决策民主，就是衡量行政决策是否做到坚持贯彻落实群众路线，充分听取社会各方面意见，保障人民群众通过多种途径参与决策，坚持民主集中制，充分反映民意、广泛集中民智，使决策符合最广大人民群众的根本利益。行政决策合法，就是衡量行政决策是否做到严格遵守法定权限，履行法律法规规定的决策法定程序，坚持职权法定、权责统一，保证决策从程序到实体符合宪法法律规定。

第四，党的十八届四中全会《决定》提出全面推进依法治国的总抓手是建设中国特色社会主义法治体系，强调形成完备的法律规范体系、高效的法治实施体系、严密的法治监督体系、有力的法治保障体系，完善的党内法规体系。坚持严格规范公正文明执法，是形成高效法治实施体系的重要内容。目前，中国特色社会主义法律体系已经形成，总体上解决了有法可依的问题。如何确保法律得到全面严格实施，已成为全面推进依法治国、建设社会主义法治国家的关键所在。习近平总书记强调，要加强宪法和法律实施，维护社会主义法制的统一、尊严、权威，形成人们不愿违法、不能违法、不敢违法的法治环境，做到有法必依、执法必严、违法必究。

第五，《纲要》明确提出，实行法治政府建设与创新政府、廉洁政府、服务型政府建设相结合。廉洁是法治政府基本建成不可或缺的目标要求。阳光是最好的防腐剂，权力只有公开透明运行、受到有效监督制约，才能防止被滥用，才能防止权力腐化。衡量政府是否廉洁，标准是行政权力能否规范透明运行；要求政府廉洁，必须加强对行政权力运行的规范和监督，这是建设法治

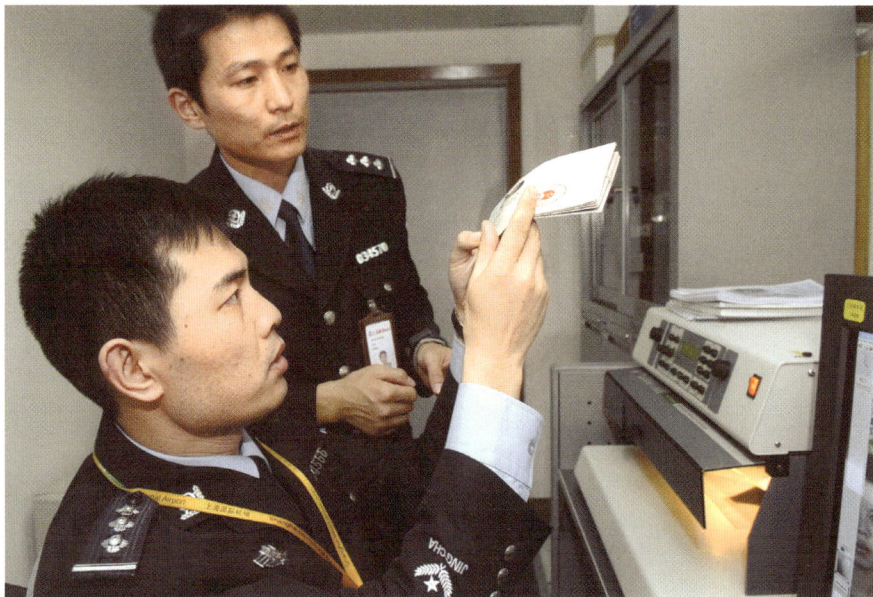

上海出入境边防检查总站严格依法履职，创建文明窗口。图为工作人员正在鉴别可疑证件。

张北男 / 摄

政府的关键所在。

　　第六，坚持全心全意为人民服务，依法维护人民权益，是建设法治政府的根本出发点和落脚点。人民权益能否切实得到有效保障，是法治政府基本建成的第六个衡量标准。人民权益切实有效保障，主要体现在两个方面：一是行政机关在制度建设、行政决策、行政执法中切实维护人民权益。二是人民群众的合法权益受到损害时能得到有效救济。

　　第七，行政机关工作人员依法行政能力的高低，直接决定法治政府建设的成败。无论是宏观调控、市场监管、社会管理、公共服务、环境保护等政府职责的依法全面履行，还是严格规范公正文明执法，都要靠各级行政机关工作人员来执行。因此，行政机关工作人员特别是领导干部的依法行政能力是否得到普遍提高，是评判法治政府基本建成的第七个衡量标准。《纲要》对此提出了相关措施：树立重视法治素养和法治能力的用人导向，加强对政府工作人员的法治教育培训，完善法治能力考查测试制度，注重通过法治实践提高法治思维和依法行政能力，使政府工作人员特别是领导干部牢固树立宪法法律至上、法律面前人人平等、权由法定、权依法使等基本法治理念，恪守合法行政、合理行政、程序正当、高效便民、诚实守信、权责统一等依法行政基本要求，做尊法学法守法用法的模范，在法治轨道上全面推进政府各项工作。

第二章

依法全面履行政府职能

依法全面履行政府职能，是深入推进依法行政、加快建设法治政府的内在要求。职能科学、权责法定是法治政府的重要标准。建设法治政府，首先要结合中国当前实际和切实加强政府自身建设的要求，从法律制度上明确政府该做什么、不该做什么，能做什么、不能做什么。为进一步贯彻落实党中央、国务院关于行政体制改革、政府职能转变方面的决策部署，《纲要》提出了未来几年依法全面履行政府职能的主要目标和具体措施。

① 如何理解依法全面履行政府职能的目标？

《纲要》明确了依法全面履行政府职能的目标，即牢固树立创新、协调、绿色、开放、共享的发展理念，坚持政企分开、政资分开、政事分开、政社分开，简政放权、放管结合、优化服务，政府与市场、政府与社会的关系基本理顺，政府职能切实转变，宏观调控、市场监管、社会管理、公共服务、环境保护等职责依法全面履行。

一是树立创新、协调、绿色、开放、共享五大发展理念。党的十八届五中全会强调，实现"十三五"时期发展目标，破解发展难题，厚植发展优势，必须牢固树立并切实贯彻创新、协调、绿色、开放、共享的发展理念。五大新发展理念是对政府履职提出的新要求，要把发展基点落在创新上，让创新贯穿党和国家一切工作；增强发展协调性，正确处理发展中的重大关系；坚持绿色发展，加强生态文明建设；更高层次开放经济，积极参与全球经济治理；改善民生，惠民利民，让全体人民在发展中有更多获得感。

二是明确政府要"有所不为"，不做不该做的事。政府要扭转"越位"现象，坚持政企分开、政资分开、政事分开、政社分开，退出公民、法人或其他组织能够自主决定、市场竞争机制能够有效调节、行业组织或者中介机构能够自律管理的事项领域。同时，加强和改善宏观管理，把更多精力集中到事关长远和全局的重大事项上来。

三是明确政府要"有所为"，把该做的事做好。政府要扭转

"缺位"现象，积极履行职责和发挥作用，敢于担当，进一步强化和提升在宏观调控、市场监管、社会管理、公共服务、环境保护等方面的能力。要把简政放权、放管结合、优化服务结合起来，严格事中事后监管，管住管好政府该管的事。对该管不管、该管没有管好的，实行懒政、庸政、怠政的，要依法问责，绝不姑息。

相关链接

《中华人民共和国国民经济和社会发展第十三个五年规划纲要》指出：实现发展目标，破解发展难题，厚植发展优势，必须牢固树立和贯彻落实创新、协调、绿色、开放、共享的新发展理念。

延伸阅读

2016 年 1 月 18 日习近平总书记在省部级主要领导干部学习贯彻党的十八届五中全会精神专题研讨班上的讲话

《国务院关于实行市场准入负面清单制度的意见》(国发〔2015〕55 号)

《国务院办公厅关于推广随机抽查规范事中事后监管的通知》(国办发〔2015〕58 号)

2 如何认识转变政府职能？

三十多年来，我国行政体制改革不断深化，形成了基本适应社会主义市场经济体制的政府职能和机构体系。同时，政府职能定位、机构设置、职责分工、运行机制等方面还存在不少问题。主要表现为：政府职能越位、缺位问题依然突出，不该管的管得还是过多，一些该管的又没有管好；一些领域机构重叠、队伍杂乱、人浮于事问题依然存在；职责交叉、权责脱节、争权诿责现象依然较多，群众办事不便，行政效能不高；行政不作为、不会为、乱作为乃至以权谋私、贪污腐败等现象尚未得到全面有效遏制。解决这些问题，迫切需要深化行政体制改革、加快转变政府职能。

政府职能转变是在经济社会发展新形势下对原有政府职能的重新审视和再调整。通俗地说，就是根据经济社会发展的要求来判断、选择和确定原有的行政职责哪些需要保留或转移，哪些需要增加或减少，哪些需要强化或弱化，哪些需要补齐或取消。推进简政放权、放管结合，加快转变政府职能，紧紧抓住了行政体制改革和经济体制改革的核心，把握了完善社会主义市场经济体制要害。这项改革是"牛鼻子"，具有牵一发动全身的重要作用。

第一，加快转变政府职能是提高政府治理能力的应有之义。有效的政府治理是国家治理现代化的重要内容。只有加快政府职能转变，把政府该做的宏观调控、市场监管、公共服务、社会管理和环境保护工作做好，才能切实提高国家治理能力。值得注意的是，政府职能转变还涉及职能履行方式朝着更加理性、开放、合作的方向调整。

为此，一方面，政府要打破由政府大包大揽的做法，尽可能让社会、民间力量以适当方式参与管理和服务，采取公私合作的方式吸收民间资本和技术，提高政府的公共服务供给能力。另一方面，要在行政许可、行政处罚、行政强制等刚性管理手段之外更多运用行政合同、行政指导和行政奖励等柔性手段。

第二，加快转变政府职能是完善社会主义市场经济体制的必然要求。只有把政府职能转变到位，理顺政府与市场的关系，真正解决政府干预微观事务过多过滥和监管不到位等问题，才能使市场在资源配置中起决定性作用，政府的作用也才能更好地发挥。

第三，加快转变政府职能是全面深化改革的关键环节。我国经济发展的诸多问题都与政府职能和管理方式密切相关。政府职能涉及政府和市场、政府和社会、中央和地方等方方面面的关系，政府职能转变与其他各项改革环环相扣。只有让转变政府职能这个关键一环顺利运转起来，才能把全面深化改革的大棋局盘活、走好。

第四，加快转变政府职能是防治腐败的"釜底抽薪"之策。建设廉洁政府是我们的重要目标，也是人民群众的普遍期待。形形色色的审批事项，各种名目的认定、培训、考试、评审、证书，不仅给市场和社会竖起了一道道"篱笆"、一堵堵"墙"，也给权力寻租提供了空间。大力推进简政放权、转变政府职能，削减政府权力，规范行政权力运行，可以有效减少权力寻租机会，从源头上预防、减少腐败。

③ 怎样进一步做好简政放权工作？

简政放权的首要任务就是"做减法"，取消和下放行政审批等事项。凡是公民、法人或者其他组织能够自主决定的，市场竞争机制能够有效调节的，行业组织或者中介机构能够自律管理的，行政机关采用事后监督等其他行政管理方式能够解决的，尽量不设行政许可。2015年5月12日，李克强总理在全国推进简政放权放管结合职能转变工作电视电话会议上指出，除涉及国家安全、生态安全和公众健康等重大公共利益事项外，其他审批事项原则上要以取消为主。根据党中央、国务院有关要求，《纲要》就进一步深入推进简政放权、继续取消和下放行政审批事项，提出了一系列具体措施：

一是明确取消和下放行政审批的原则。全面清理行政审批事项，全部取消非行政许可审批事项。最大程度减少对生产经营活动的许可，最大限度缩小投资项目审批、核准的范围，最大幅度减少对各类机构及其活动的认定。不仅要全面清理国务院部门实施的行政审批项目，还要全面清理中央指定地方实施的行政审批事项。

二是明确需要清理、取消的重点行政审批事项。包括三个方面：第一，取消不符合行政许可法规定的资质资格准入许可，研究建立国家职业资格目录清单管理制度。第二，对增加企业和公民负担的证照进行清理规范。第三，加大取消和下放束缚企业生产经营、影响群众就业创业行政许可事项的力度，做好已取消和下放行政审批事项的落实和衔接，鼓励大众创业、万众创新。

三是明确需要下放地方和基层的行政审批事项。直接面向基层、量大面广或由地方实施更方便有效的行政审批事项，一律下放地方和基层管理。凡是符合上述条件的行政审批，都应当下放给适当层级的地方政府或其部门负责实施，既包括国务院部门将其审批事项下放至地方，也包括省级政府及其部门在不违反法律法规的前提下进一步将行政审批下放至市县基层。

下放审批既可以方便人民群众就近办事，也有利于促进下放审批的上级行政机关转变职能，专心做好政策制定、宏观指导、督促检查等工作。

需要注意的是，下放行政审批应当按照权责一致的原则整体下放，不能只放责任、不放权力；下放单位应当评估确定有条件承接审批的适当单位层级，具备条件的可以一次到位下放至基层；下放单位和承接单位之间要做好衔接过渡，下放单位在不干预承接单位依法履行职责的前提下给予指导。对确需下放给基层的审批事项，要在人才、经费、技术、装备等方面予以保障，确保基层接得住、管得好。

延伸阅读

《2016年推进简政放权放管结合优化服务改革工作要点》（国发〔2016〕30号）

《关于加快推进"五证合一、一照一码"登记制度改革的通知》（国办发〔2016〕53号）

④ 怎样推行各类清单管理制度？

建立健全"清权、减权、制权、晒权"的清单管理制度，是新时期行政管理方式的重大创新，也是实现"政府法无授权不可为、法定职责必须为，市场主体法无禁止即可为"的重要抓手。《纲要》提出，大力推行权力清单、责任清单、负面清单制度并实行动态管理。

一是明确省市县三级政府部门公布权力清单、责任清单的要求和时限以及国务院部门推进权力清单、责任清单的重点领域。2016年1月国务院办公厅印发《国务院部门权力和责任清单编制试点方案》，确定在国家发展改革委、民政部、司法部、文化部、海关总署、税务总局、证监会开展试点，试点任务包括全面梳理部门现有权责事项、清理规范权责事项、审核权责清单、优化权力运行流程。根据方案，各试点部门在全面梳理基础上，对权责事项逐项提出取消、下放和保留的意见。试点部门在依法审核清理规范基础上，形成部门基础权责清单，列明权责事项名称、类型、设定依据、调整意见以及追责情形等内容。

2015年3月，中共中央办公厅、国务院办公厅印发《关于推行地方各级政府工作部门权力清单制度的指导意见》，从基本要求、主要任务和组织实施方面对地方政府部门推行权力清单制度作了全面规定。第一，列举了行政权力的主要类型，即行政许可、行政处罚、行政强制、行政征收、行政给付、行政检查、行政确认、行政奖励、行政裁决和其他类别。第二，规定了公布清单的具体方式，地方各级政府对其工作部门经过确认保留的行政职权，除保密事项外，要以清单形式将每项职权的名称、编码、类型、依据、行使主体、流程图和监督方式等，及时在政府网站等载体公布。第三，明确了权力清单的法律效力，即权力清单不是行政权力的法律依据和全部范围，对权力清单未明确但应由政府管理的事项，政府部门仍要切实负起责任。

权力清单，给规范用权开的清单

中共中央办公厅、国务院办公厅近日印发《关于推行地方各级政府工作部门权力清单制度的指导意见》

【为何要搞权力清单？】

推行地方各级政府工作部门权力清单制度，是党中央、国务院部署的重要改革任务，是国家治理体系和治理能力现代化建设的重要举措，对于深化行政体制改革，建设法治政府、创新政府、廉洁政府具有重要意义。

【权力清单有啥用？】

将地方各级政府工作部门行使的各项行政职权及其依据、行使主体、运行流程、对应的责任等，以清单形式明确列示出来，向社会公布，接受社会监督。

【权力清单约束谁？】

重点 地方各级政府工作部门

还有 依法承担行政职能的事业单位、垂直管理部门设在地方的具有行政职权的机构等

【有无落地时间表？】

省级政府	市县两级政府
2015 年年底前	2016 年年底前

基本完成权力清单的公布工作

【清单制度怎么做？】

1 梳理现有职权

地方各级政府将梳理形成"行政职权目录"。

可以包含：

行政许可 行政处罚 行政强制
行政征收 行政给付 ……

2 清理调整职权

原则：职权法定。

取消——
没有法定依据的行政职权。确有必要保留的，按程序办理。

取消或调整——
虽有法定依据但不符合全面深化改革要求和经济社会发展需要的；法定依据相互冲突矛盾的；调整对象消失、多年不发生管理行为的行政职权。

下放——
可下放给下级政府和部门的职权事项。
行政职权取消下放后，将加强事中事后监管。

3 依法审核确认　　**4 优化权力运行流程**

5 公布权力清单　　**6 建立动态管理机制**

7 建立责任清单　　**8 强化监督问责**

权力清单，给规范用权开的清单。

大巢 / 作

二是强调进一步完善负面清单管理模式。负面清单是相对于正面清单而言的一种市场准入管理模式，遵循"法无禁止皆可为"的原则，是世界范围内贸易投资自由化、金融市场国际化和行政管理法治化的产物。负面清单管理模式只告诉市场主体不能做什么，至于能做什么、该做什么，由市场主体根据市场变化作出判断。这种管理模式能够大大增强市场的透明度、开放度和自由度。

外商投资准入属于中央事权，原则上应当由中央政府来制定、发布和实施外商投资负面清单。上海自贸区负面清单是国务院依据全国人大常委会决定授权上海市制定的，具有特殊的试点性质，其他地方未履行必要的法律程序不能复制和效仿。在我国，制定负面清单的主要依据是有关法律法规和《外商投资产业指导目录》。《外商投资产业指导目录（2015年修订）》自2015年4月10日起施行。

2013年9月，国务院批准《中国（上海）自由贸易试验区总体方案》，提出要探索建立"负面清单"管理模式。9月29日，上海市人民政府发布了《中国（上海）自由贸易试验区外商投资准入特别管理措施（负面清单）》，按照《国民经济行业分类及代码》提出了18个门类，190条特别管理措施，对于未列入"负面清单"的外商投资一般项目，采取"非禁即入"的管理模式。现在这一负面清单又作了进一步的"瘦身"，市场准入空间更大了。2015年3月，中共中央政治局审议通过广东、天津、福建自由贸易试验区的总体方案，以及进一步深化上海自由贸易试验区改革开放的方案。2015年4月8日，《国务院办公厅关于印发自由贸易试验区外商投资准入特别管理措施（负面清单）的通知》发布。

四个自贸区将使用统一的负面清单，以避免产生成本洼地、政策洼地效应，也有利于建立良性的竞争机制和良好的信用机制。

三是要求建立健全收费管理制度，清理和规范各类收费。行政事业性收费是政府财政收入的重要来源，但长期以来存在诸多问题。比如，行政事业性收费概念模糊，范围不清，内容庞杂；依据杂乱，项目和标准不透明；管理权限分散交叉；资金使用管理不完善等。《国务院关于印发 2016 年推进简政放权放管结合优化服务改革工作要点的通知》（国发〔2016〕30 号）规定，"全面清理和整合规范各类认证、评估、检查、检测等中介服务，有效解决评审评估事项多、耗时长、费用高等问题。重点整治各种涉企乱收费，完善涉企收费监督检查制度，强化举报、查处和问责机制。组织对涉企收费专项监督检查，切实减轻企业负担"，

2009 年至 2014 年，安徽省两次开展行政职权清理，大幅减少行政职权项目，清理结果汇编成册并向社会公布。

安徽省政府法制办供图

"加快编制行政事业性收费、政府定价或指导价经营服务性收费、政府性基金、国家职业资格、基本公共服务事项等各方面清单，并及时主动向社会公开"。

📝 | 典型事例 |

　　福建省漳州市政府自 2015 年 1 月起公开市级行政机关、事业单位的权力清单，包括行政权力的职权类别、项目名称、项目编码、实施机关、共同实施机关、实施依据、实施对象、办理时限、办理流程、收费依据和标准、服务方式、相对人权利、监督投诉途径等，绘制了运行流程图，将行政权力纳入网上运行，依托网上平台固化行政权力行使程序，明确办理时限，公开办理过程，及时反馈办理结果。

⑤ 如何严格控制新设行政许可？

　　为了巩固行政审批制度改革成果，切实防止行政许可事项边减边增、明减暗增，需要严格控制新设行政许可，贯彻落实好行政许可法和 2013 年国务院印发的《关于严格控制新设行政许可的通知》（以下简称《通知》）。

　　一是明确行政许可设定标准。《通知》对行政许可法有关行政许可设定的规定作了细化，提出了四个方面 16 项标准，要求今后起草法律草案、行政法规草案一般不新设行政许可，确需新设的，必须严格遵守行政许可法的规定，严格设定标准。《通知》

强调，国务院部门规章和规范性文件一律不得设定行政许可，不得以备案、登记、年检、监制、认定、认证、审定等形式变相设定行政许可，不得以非行政许可审批为名变相设定行政许可。除法律、行政法规外，对行政机关实施行政许可以及监督检查被许可人从事行政许可事项的活动，一律不得设定收费；不得借实施行政许可变相收费。

二是规范行政许可设定审查程序。法律草案、行政法规草案拟设定行政许可的，要深入调查研究，加强合法性、必要性和合理性审查论证。合法性审查论证的重点是，拟设定的行政许可是否符合行政许可法和《通知》的规定。必要性审查论证的重点是，拟设定行政许可的事项是否属于直接涉及国家安全、公共安全、生态环境安全和生命财产安全，通过市场机制、行业自律、企业和个人自主决定以及其他管理方式能否有效解决问题，以及拟设定的行政许可是否解决现有问题或实现行政管理目的有效手段。合理性审查论证的重点是，评估实施该行政许可对经济社会可能产生的影响，说明实施该行政许可的预期效果。

三是强化对设定行政许可的监督。《通知》要求，国务院部门要制定本部门负责实施的行政许可目录并向社会公布，行政许可项目发生变化的，要及时更新目录；国务院部门要定期对其负责实施的行政许可实施情况进行评价，及时提出修改或废止建议；起草法律、行政法规修订草案，起草单位要对该法律、行政法规设定的行政许可的实施情况进行重点评估，对没有达到预期效果或不适应经济社会发展要求的行政许可，应当提出修改或废止建议；加强对国务院部门规章的备案审查，对设定行政许可、增设行政许可条件，以备案、登记、年检、监制、认定、认证、审定等形式变相设定行政许可，以非行政许可审批名义变相设定行政许可或违法设定行政许可收费的，要按照规定的程序严格处理、坚决纠正。

❻ 怎样规范和改进行政审批行为？

"民之所望，施政所向。"人民群众对审批之弊感受最深，对改什么、如何改最有发言权，对改得怎么样体会最深切、评价最权威。因此，要把群众和企业满意不满意、实践效果怎么样，作为检验行政审批制度改革成效的根本标准。

一是对保留的行政审批事项，探索目录化、编码化管理，提高行政审批管理的科学化水平。对行政审批事项编制目录，科学设置分类，方便统一管理和查询。对行政审批事项进行编码管理，实行一个编码对应一个行政审批事项，推进行政审批事项的定型化和标准化，防止随意改变审批条件，增加审批事项。一些地方已经做了探索。比如，北京市政府自2014年起对各级政府部门的行政权力进行统一编码，并对编码实行动态管理，使行政权力具有相对固定性、高度识别性，方便政府内部规范管理行政权力事项，也便于社会监督。

二是全面推行一个窗口办理、并联办理、限时办理、规范办理、透明办理、网上办理，提高行政效能，激发社会活力。承担行政审批职能的部门全面实行"一个窗口"对外统一受理，申请量大的要安排专门场所，对每个审批事项都要编制服务指南，列明申请条件、基本流程、示范文本等，让地方、企业和群众"少串门、少跑腿"。实行办理时限承诺制，各部门受理申请要出具受理单，明确办理时限，防止审批事项久拖不决。探索对多部门审批事项实行一个部门牵头、其他部门协同的并联审批，让审批提速。各部门要对承担的每项审批事项制定工作细则，明确审查内容、要点和标准等，严禁擅自抬高或降低审批门槛。除涉及国家秘密、商业秘密或个人隐私外，所有审批的受理、进展、结果等信息都要公开。各部门要切实履行对申请人的告知义务，及时提供咨询服务。强化内部督查和社会监督，建立申请人评议制度，杜绝暗箱操作。各部门要积极推行网上预受理、预审查，加强国务院部门间、中央和地方间信息资源共享。

三是加快投资项目在线审批监管平台建设，实施在线监测并向社会公开。着力解决环节多、时间长、随意性大等问题，推进落实企业投资项目网上并联核准制度，加快建设信息共享、覆盖

2014 年 11 月，国家博物馆对天津市滨海新区 109 枚封存的审批公章予以收藏。

付文超 / 摄

全国的投资项目在线审批监管平台。

四是加快推进相对集中行政许可权工作，支持地方开展相对集中行政许可权改革试点。《行政许可法》第二十五条规定："经国务院批准，省、自治区、直辖市人民政府根据精简、统一、效能的原则，可以决定一个行政机关行使有关行政机关的行政许可权。"一些地方积极探索相对集中行政许可权。2014年5月20日，天津市滨海新区成立了全国首个行政审批局，将分散在18个部门的216项审批职责归并到一个部门，由行政审批局直接实施审批事项，启用行政审批专用章，由1枚公章取代了109枚公章，实现了"一颗印章管审批"。

需要注意的是，相对集中行政许可并不是把多个部门的权力集中到一个部门了事，而是以此为契机，一方面对集中起来的行政许可权进行流程再造、规范优化，另一方面积极探索许可权与监管权分别由不同部门行使后，如何保证许可部门与监管部门之间的衔接协调，如何创新监管方式、加强监管力度。

📖 **｜延伸阅读｜**

《关于运用大数据加强对市场主体服务和监管的若干意见》（国办发〔2015〕51号）

《关于创新投资管理方式建立协同监管机制的若干意见》（国办发〔2015〕12号）

《关于加快众创空间发展服务实体经济转型升级的指导意见》（国办发〔2016〕7号）

❼ 如何规范行政审批办理方面的中介服务？

不少审批事项下放后，改头换面成了审批部门和社会组织牟利的手段。各种评估、鉴证、意见书等第三方中介事项既多又乱，在行政审批之外俨然筑起又一个高高的"中介"门槛。有人形象地描述，有的中介组织，特别是一些"红顶中介"，戴市场的帽子、拿政府的鞭子、收企业的票子，依附行政权力强制服务、强行收费，破坏了市场规则，蚕食了改革红利，严重损害了党和政府形象。

党中央、国务院高度重视这一问题，要求严厉整治。《纲要》提出，全面清理规范中介服务，坚决整治"红顶中介"，切断行政机关与中介服务机构之间的利益链，推进中介服务行业公平竞争。具体来说，要从以下方面推进相关工作：

一是全面清理各类审批前置条件，减少不必要的中介服务。属于企业经营自主权的事项，一律不再作为前置条件。对法律法规没有明确规定为前置条件的，一律不再作为前置审批。对法律法规明确规定为前置条件的，除确有必要外，都要通过修改法律法规，一律不再作为前置审批。审批机关能够用征求相关部门意见方式解决的事项或者能够通过后续监管解决的事项，一律不再作为前置审批。

二是确立中介机构的市场主体地位，原则上企业可以自主选择中介服务。编制行政审批所需申请文本等工作，企业可按照要求自行完成，也可以自主委托中介机构开展，行政机关不得干预。

三是制定并公开强制性中介服务目录清单。除特殊需要并具有法律法规依据外，有关部门一律不得设定强制性中介服务，不得指定中介机构。不得将政府职责范围内的事项交由事业单位或中介组织承担并向相对人收费。

四是行政机关委托开展的评估评审等中介服务，要通过竞争方式选择中介机构，一律由行政机关支付服务费用并纳入部门预算，严格限定完成时限。

五是推动中介机构不断提高服务能力和水平。有关部门要进一步规范中介服务市场秩序，对中介机构出具假报告、假认证等违法违规行为要依法严肃查处，造成严重后果的，要依法从严处罚。

8 如何完善行政组织法律制度？

行政机关组织法通常规定行政机关的性质、法律地位、组成、结构、职权以及设立、变更、撤销的程序，是关住权力的笼子之一。目前，规范各级政府及其部门机构设置、职能权限的法律法规包括《宪法》的相关条款，《国务院组织法》《地方各级人民代表大会和地方各级人民政府组织法》《国务院行政机构设置和编制管理条例》《地方各级人民政府机构设置和编制管理条例》，全国人大或者地方人大通过的国务院及地方政府机构改革方案。实践中，规定行政机关职能、内部机构设置、编制规模的主要是"三定"规定。完善行政组织法律制度，可以从以下方面推进：

第一，在现行组织法规的基础上，全面、完整地规定划分和设置行政机构的原则与标准、设立、撤销和合并的程序、机构性质、内部机构设置、工作原则、领导体制等。

第二，推进完善各级政府间事权划分的法律制度。研究中央与地方关系法律制度，对中央和地方各自专有事权、共有事权、委托事权等作出规定。加强单行法律对其规范领域的事权划分和组织规范的作用。逐步以法律取代政策作为中央和地方事权划分的依据，以法律的权威性保证政府间事权划分的稳定性和连续性。

第三，研究完善行政机构设置和编制管理法律制度。加强机构编制制度、标准体系建设，完善管理办法，严格按照"因事设岗、因岗择人"的原则，控制行政机构在编人员和非在编人员编制。

⑨ 如何完善行政程序法律制度？

法学界有观点认为，程序是法治与恣意而治的分水岭。有效规范行政权力，不仅应当在实体法上对权力配置做出规定，还应当在程序法上对权力运行规则作出规范。行政诉讼法是我国行政程序法律制度建设的重要里程碑，它规定了法院审理行政案件所应遵循的规则，要求合法的行政行为应当"证据确凿，适用法律、法规正确，符合法定程序"。其后，《立法法》《行政许可法》《行政处罚法》《行政复议法》《行政强制法》《行政法规制定程序条例》《规章制定程序条例》《政府信息公开条例》等有关各领域行政程序的单行法陆续出台。一些地方政府制定了统一的行政程序法规规章。目前我国规范行政程序的法律制度已经初具规模，对约束政府行为发挥了重要作用。

完善行政程序法律制度，应当以建立合理、高效、可操作的程序制度为目标，处理好行政实体法与行政程序法的关系，处理好规范外部行政行为与内部行政行为之间的关系。加强对行政活动的一般性原则、一般程序制度以及单行法没有规定的重要程序制度的规范，同时继续完善已有的行政程序方面的单行法。鼓励地方积极探索行政程序制度建设。通过上述途径，将各类行政行为的运行过程纳入法治化轨道，规范行政权力的配置与运行。

内部行政程序是行政过程不可缺少的一环。全面规范政府的行为，不仅要规范其对外作出的行为，也要规范其内部行为。要完善行政机关工作流程，加强内部行政程序制度建设。一些专门的法规对内部行政程序作出了规范。比如，中央政府层面有《国务院工作规则》规范国务院工作有序运转，很多省级政府和设区的市出台了专门的政府工作规则，还有一些地方政府出台的行政

2016年6月，《云南省重大行政决策程序规定》颁布实施新闻发布会召开。

云南省政府法制办供图

程序规定中也涉及了内部行政程序。各级政府和部门应结合实际，继续对内部权力行使的程序、环节、过程、责任进行分解细化，并制定相应的权力行使标准、权力监督制约制度，使行政权力的运行更加规范、具有可操作性。

⑩ 如何完善宏观调控？

政府要拿出更多精力管宏观、抓大事、议长远、谋全局，在党中央统一领导下，处理好政府与市场、当前与长远、中央与地方的关系，统筹做好稳增长、促改革、调结构、惠民生各项工作。

第一，明确宏观调控任务。十八届三中全会《决定》明确提出："宏观调控的主要任务是保持经济总量平衡，促进重大经济结构协调和生产力布局优化，减缓经济周期波动影响，防范区域性、系统性风险，稳定市场预期，实现经济持续健康发展。"

第二，健全宏观调控体系。健全以国家发展战略和规划为导向、以财政政策和货币政策为主要手段的宏观调控体系，推进宏观调控目标制定和政策手段运用机制化，加强财政政策、货币政策与产业、价格等政策手段协调配合，增强宏观调控的前瞻性、针对性、协同性。

第三，创新宏观调控方式。健全发展规划、政府投资、财政税收、金融等方面法律制度，加强发展战略、规划、政策、标准等的制定和实施。积极探索各方面宏观调控手段，为有效调控提供多样化调控工具。

第四，深化投资体制改革。切实转变政府投资管理职能，确立企业投资主体地位，制定并公开企业投资项目核准目录清单。强化节能节地节水、环境、技术、安全等市场准入标准。

第五，健全价格形成机制。完善主要由市场决定价格的机制，大幅缩减政府定价种类和项目，制定并公布政府定价目录，全面放开竞争性领域商品和服务价格。

第六，完善考核评价体系。纠正单纯以经济增长速度评定政绩的偏向，加大资源消耗、环境损害、生态效益、产能过剩、科技创新、安全生产、新增债务等指标的权重，更加重视劳动就业、居民收入、社会保障、人民健康状况。加快建立国家统一的经济核算制度。

⑪ 如何加强事中事后监管？

虽然我国社会主义市场经济体制已经确立，但还存在市场体系不完善、市场规则不统一、市场秩序不规范、市场竞争不充分、政府干预过多和监管不到位等问题。李克强总理强调，放和管是两个轮子，只有两个轮子都做圆了，车子才能跑起来；既要把该放的放下去，还要把该管的管起来并管好，这两方面内容同等重要。在大力推进简政放权的同时，要加强事中事后监管，为各类市场主体营造公平竞争的发展环境。

第一，创造公平市场秩序。建设统一开放、竞争有序的市场体系，是使市场在资源配置中起决定性作用、实现资源配置效率最优化和效益最大化的基础。要清理、废除妨碍全国统一市场和公平竞争的各种规定和做法，破除部门保护、地区封锁和行业垄断。完善外资管理法律法规，保持外资政策稳定、透明、可预期，促进国际国内要素有序自由流动、资源高效配置、市场深度融合。

第二，深化商事制度改革。通过改革工商登记制度，将注册资本实缴登记制改为认缴登记制、企业年检制改为年报制，将"先证后照"改为"先照后证"，精简了85％的工商登记前置审批事项。新增市场主体呈现"井喷式"增长，2014年达1293万户，其中新注册企业增长45.9％；2015年全国新登记企业443.9万户，比2014年增长21.6％；2016年第一季度全国新登记企业106.3万户，比2015年同期增长25.9％。今后一个时期，还要继续清理工商登记前置审批，加快工商登记后置审批改革；推行电子营业执照和全程电子化登记，实行"一址多照"和"一照多址"。

第三，创新市场监管方式。坚持"放管结合、放管并举"，实行"宽进严管"。针对取消下放的审批事项，监管部门要结合具体情况研究提出相应的事中事后监管措施，比如随机抽查、告知承诺、举报奖励、年度报告、告知性备案、制定行业从业标准、发挥相关行业协会作用等。

第四，完善市场监管体系。要建立透明、规范、高效的投资项目纵横联动、协同监管机制，形成政府监管、企业自治、行业自律、社会监督的新格局。抓紧建立统一的综合监管平台，推进综合执法。加强社会信用体系建设，建立健全全国统一的社会信用代码制度和信用信息共享交换平台，建设企业信用信息公示"全国一张网"，依法保护企业和个人信息安全。积极运用大数据、云计算、物联网等信息化手段，探索实行"互联网＋监管""物联网＋监管"新模式。

延伸阅读

《关于"先照后证"改革后加强事中事后监管的意见》（国发〔2015〕62号）

《关于积极推进"互联网＋"行动的指导意见》（国发〔2015〕40号）

《国务院关于印发注册资本登记制度改革方案的通知》（国发〔2014〕7号）

《关于创新投资管理方式建立协同监管机制的若干意见》（国办发〔2015〕12号）

12 如何创新社会治理？

在国家治理体系下，国家治理主体多元化，治理社会不仅是国家机关的职责，也是各个社会主体的责任。贯彻落实《纲要》关于创新社会治理的要求，就要坚持党领导下的多方参与、共同治理，发挥政府、市场、社会等多元主体在社会治理中的协同协作、互动互补、相辅相成作用，形成推动社会和谐发展、保障社会安定有序的合力。

第一，创新社会治理体制机制。坚持系统治理，加强党委领导，发挥政府主导作用，鼓励和支持社会各方面参加，实现政府治理和社会自我调节、居民自治良性互动。加强社会治理法律、体制机制、能力、人才队伍和信息化建设，提高社会治理科学化和法治化水平。推进社会自治，发挥市民公约、乡规

北京市朝阳门外街道举行社会治理模式"居民自管会"展示活动，居民通过扫描二维码予以关注。

新华社　公磊／摄

民约、行业规章、团体章程等社会规范在社会治理中的积极作用。

第二，发挥各类社会组织作用。完善社会组织登记管理制度，成立行业协会商会类、科技类、公益慈善类、城乡社区服务类社会组织，除依据法律法规和国务院决定需要前置审批外，可直接向民政部门依法申请登记。适合由社会组织提供的公共服务等事项，交由社会组织承担。支持和发展社会工作服务机构和志愿服务组织。逐步实现行业协会商会与行政机关脱钩，探索一业多会，着力去除行政化，强化行业自律。规范和引导网络社团社群等各类社会组织健康发展，加强监督管理。

第三，大力完善公共安全体系。深入推进社会治安综合治理，健全落实领导责任制。完善点线面结合、网上网下结合、人防物防技防结合、打防管控结合的立体化社会治安防控体系。注重发挥城乡社区在社会治安防控中的基础作用。提高公共突发事件防范处置和防灾救灾减灾能力，完善部门协同、上下联动、社会参与、分工合作的防灾减灾救灾机制。全方位强化安全生产，落实政府安全生产监管责任和企业安全生产主体责任。完善食品安全标准体系，加强食品药品安全风险监测评估预警，建立食品药品质量追溯制度，实现从生产源头到终端消费的全过程严格监管，保障食品药品安全。

相关链接

《健全落实社会治安综合治理领导责任制规定》第五条：

各级党委和政府应当切实加强对社会治安综合治理的领导，列入重要议事日程，纳入经济社会发展总体规划，认真研究解决工作中的重要问题，从人力物力财力上保证社会治安综合治理工作的顺利开展。

各地党政主要负责同志是社会治安综合治理的第一责任人，社会治安综合治理的分管负责同志是直接责任人，领导班子其他成员承担分管工作范围内社会治安综合治理的责任。

第六条：

各部门各单位应当各负其责，充分发挥职能作用，积极参与社会治安综合治理，主动承担好预防和减少违法犯罪、维护社会治安和社会稳定的责任，认真抓好本部门本单位的综合治理工作，与业务工作同规划、同部署、同检查、同落实。

延伸阅读

《国务院关于建立完善守信联合激励和失信联合惩戒制度加快推进社会诚信建设的指导意见》（国发〔2016〕33号）

13 如何优化公共服务？

近些年来，各级政府在加强公共服务方面下了很大气力，但公共产品短缺、公共服务薄弱等问题依然突出。国务院提出要打造促进经济发展"双引擎"，即培育打造新引擎，推动大众创业、万众创新，改造升级传统引擎，增加公共产品、公共服务供给。当前，各级政府要更加注重优化公共服务，把政府的作用与市场和社会的力量结合起来，做好"补短板""兜底线"的民生保障工作，满足人民群众对教育、医疗、就业、社会保障等公共服务日益增长的需求。

第一，完善基本公共服务体系。着力促进教育、卫生、文化等社会事业健康发展，强化政府促进就业、调节收入分配和完善社会保障职能，加快形成政府主导、覆盖城乡、可持续的基本公共服务体系，实现基本公共服务标准化、均等化、法定化。

第二，创新公共服务提供方式。建立健全政府购买公共服务制度，公开政府购买公共服务目录，加强政府购买公共服务质量监管。推进公共服务提供主体和提供方式多元化，凡属事务性管理服务，原则上都要引入竞争机制，通过委托、承包、采购等方式向社会购买；确需政府参与的，实行政府和社会资本合作模式。

第三，提高公共服务的针对性。以创业创新需求为导向，提高公共服务的实效性。搭建为市场主体服务的公共平台，形成集聚效应，实现服务便利化、集约化、高效化。强化政策、法律和信息咨询服务，构建全链条的知识产权服务体系。做好对大学生的就业创业指导服务和农民工的职业技能培训。促进民办教育、医疗和养老等服务业发展。2015年11月27日，《国务院办公厅关于简化优化公共服务流程方便基层群众办事创业的通知》（国办发〔2015〕86号）规定："坚决砍掉各类无谓的证明和繁琐的手续。凡没有法律法规依据的证明和盖章环节，原则上一律取消。确需申请人提供的证明，要严格论证，广泛听取各方面意见，并作出明确规定，必要时履行公开听证程序。办事部门可通过与其他部门信息共享获取相关信息的，不得要求申请人提供证明材料。"

第四，明确各级政府相关职责。中央政府主要负责制定国家基本公共服务标准和制度，提供涉及中央事权的基本公共服务，协调跨省（区、市）的基本公共服务问题，对各省级政府提供的基本公共服务进行监督考核。省级政府主要负责制定本地区基本公共服务标准和制度，提供涉及地方事权的基本公共服务，对市县两级政府提供的基本公共服务进行监督考核。市县两级政府具体负责提供本地基本公共服务，对基本公共服务机构进行监管。

⑭ 如何强化政府的生态环境保护职能？

在经济快速发展的同时，环境恶化、生态退化、气候异常、灾害等问题频发，蓝天碧水、净土绿树似乎离我们越来越远。强化生态环境保护，不仅是技术、发展问题，更是体制、法律问题。落实《纲要》要求，强化政府生态环境保护职能，要求我们：

第一，深刻认识生态环境保护的重要性。生态环境兼具生态功能与经济价值双重属性。要深刻认识保护和改善生态环境对于促进经济转型升级、提高人民生活质量、建设美丽中国的重要意义，牢固树立保护生态环境就是保护生产力，改善生态环境有利于发展生产力的理念。

第二，有效约束各种自然资源开发行为。健全自然资源资产产权制度和用途管制制度，深化资源型产品价格和税费改革，对水流、森林、山岭、草原、荒地、滩涂等自然生态空间进行统一确权登记，划定生产、生活、生态空间开发管制界限，完善自然资源监管体制和节约集约使用制度。划定生态保护红线，坚定不移实施主体功能区制度，建立资源环境承载能力监测预警机制。

第三，从源头上减少污染物的产生和排放。坚持谁污染环境谁破坏生态谁付费原则，实行生态补偿制度。改革生态环境保护管理体制，完善和严格实行环境信息公开制度、环境影响评价制度和污染物排放总量控制制度。尽可能减少高碳化石能源使用，大力发展风能、太阳能、生物质能等清洁、可再生能源，降低单位 GDP 能源消耗强度和二氧化碳排放强度。

第四，强化环境保护方面的法律责任。健全生态环境保护责任追究制度和生态环境损害赔偿制度。加强对有关部门和地方政府执行国家环境法律法规和政策的监督，在环境保护领域推进联合执法、区域执法等执法机制创新，严厉打击企业违法排污行为。强化生产者环境保护的法律责任，大幅度提高违法成本。加大对生产者污染环境的处罚力度，改变过去一罚了之的做法，对构成犯罪的，要坚决追究刑事责任。探索编制自然资源资产负债表，对领导干部实行自然资源资产离任审计。

📖 | **延伸阅读** |

《中共中央、国务院关于加快推进生态文明建设的意见》（中发〔2015〕12号）

第三章

完善依法行政制度体系

完备的制度体系是法治政府运行的可靠保障。要在以宪法为核心的中国特色社会主义法律体系已经形成的基础上，继续完善政府立法体制机制，加强重点领域立法，提高政府立法公众参与度，加强规范性文件监督管理，建立法规规章和规范性文件清理长效机制，进一步构建系统完备、科学规范、运行有效的依法行政制度体系，使政府管理各方面制度更加成熟更加定型。

① 如何理解完善依法行政制度体系的目标？

《纲要》明确了完善依法行政制度体系的目标，即："提高政府立法质量，构建系统完备、科学规范、运行有效的依法行政制度体系，使政府管理各方面制度更加成熟更加定型，为建设社会主义市场经济、民主政治、先进文化、和谐社会、生态文明，促进人的全面发展，提供有力制度保障"。

完善的依法行政制度体系是建设法治政府的前提和基础，从一定程度上讲，依法行政制度体系的质量决定着依法行政和法治政府的建设质量。在上述目标中，"提高政府立法质量"是关键，也是完善依法行政制度体系的必由之路。毕竟，法律是治国之重器，而良法是善治之前提。"系统完备、科学规范、运行有效"是这个目标内含的要求。使政府管理各方面制度更加成熟更加定型，为经济、政治、文化、社会、生态"五位一体"建设和人的全面发展提供有力制度保障，是目标的落脚点。

② 如何严格落实立法法的规定？

《立法法》对规范立法活动，推动完善中国特色社会主义法律体系，发展和完善中国特色社会主义制度，推进国家治理体系和治理能力现代化具有基础性作用。2015年修改后的《立法法》，在发挥权力机关在立法中的主导作用，健全立法起草、论证、审议等机制，提高立法质量、增强法律的可执行性，赋予设区的市地方立法权，完善法律保留和授权立法制度，加强备案审查、维护法制统一等方面作出了明确规定。

在完善依法行政制度体系的过程中严格落实《立法法》，就是要严格按照《立法法》确立的体制、机制、权限、程序和要求，来进一步规范政府立法的全过程。在健全立法起草、论证、审议等机制方面，充分提高政府立法的科学性、民主性、

中华人民共和国立法法

人民出版社

2015 年 3 月，十二届全国人大三次会议通过新修改的《中华人民共和国立法法》。

公开性和透明度；在提高立法质量、增强法律的可执行性方面，进一步把握规律，努力做到从实际出发，有效解决中国的实际问题；在赋予设区的市地方立法权方面，地方政府应积极配合地方人大做好此项工作，在获得规章制定权后，加强立法工作机构和队伍建设，切实按照法定权限和程序履行好政府立法职责。

③ 如何坚持立改废释并举？

坚持立改废释并举是党的十八届四中全会《决定》的明确要求，《纲要》重申了四中全会的规定。坚持立改废释并举是在中国特色社会主义法律体系已经形成的背景下确立的制度建设原则。这个原则要求，提高立法质量，不但要立好法、改好法，而且要及时废止和清理已经无法适用或者继续适用会影响改革、发展和稳定的现行有效的法律法规，并做好法律解释的工作。

在"立"和"改"方面，《立法法》《行政法规制定程序条例》和《规章制定程序条例》都有比较明确的规范。近年来，国务院立法工作已经呈现明显的"立改并举"之势。回顾国务院近 15 年来的立法工作计划可以发现，在前期，立法项目总体上看是"立新"多于"改旧"。2008 年国务院立法工作计划中的"立新"项目数量达到峰值，其后"立新"项目总体呈回落趋势。2011 年中国特色社会主义法律体系形成后，自 2012 年起"立新"项目数持续减少，"改旧"项目数持续增加，直至目前"立新"与"改旧"项目基本持平。由此可见，修改现行法律、行政法规成为与制定新的法律、行政法规同样重要的任务。

《纲要》明确要求：对不适应改革和经济社会发展要求的法律法规规章，要及时修改和废止，并要求加强行政法规、规章的解释工作。废止法律法规，虽然不是制度建设的"增量"，但是对于清除制度障碍、淘汰制度"落后产能"，促进国家治理体系和治理能力的现代化，同样具有重要意义。2003 年国务院废除了收容遣送制度，2013 年全国人大常委会通过《关于废止有关劳动教养法律规定的决定》，废止了劳动教养制度。这对于依法保障公民的人身自由，更好地实现其宪法权利都至关重要。

法律解释也是完善法律制度体系的重要方式。法律解释分为立法解释和司法解释，新修改的《立法法》对立法解释和司法解释都做了规范，设立专节明确了法律解释权限、提案权和审议程序。《立法法》没有规定行政法规的解释，行政法规的解释权限和程序是由《行政法规制定程序条例》规定的。该条例第三十一条规定，行政法规条文本身需要进一步明确界限或者作出补充规定的，由国务院解释，其中拟订解释草案由国务院法制机构具体承担。该条例第三十三条规定，对属于行政工作中具体应用行政法规的问题，省、自治区、直辖市人民政府法制机构以及国务院有关部门法制机构请求国务院法制机构解释的，国务院法制机构可以研究答复；其中涉及重大问题的，由国务院法制机构提出意见，报国务院同意后答复。

❹ 如何完善行政法规规章制定程序和机制？

《纲要》规定：完善行政法规、规章制定程序，健全政府立法立项、起草、论证、协调、审议机制。《行政法规制定程序条例》和《规章制定程序条例》，分别对国务院行政法规、部门和地方政府规章的立项、起草、审查、决定、公布、解释等做了规范。对这两部行政法规，需要根据新修改的《立法法》和十八届四中全会的有关精神，进行全面修改。

在立项方面，要建立和完善立法项目向社会公开征集制度，通过开展立法前评估等方式，健全立法项目论证制度。新修改的

2015年9月，《青海省国家赔偿费用管理规定（修订草案）》立法论证会召开。

青海省政府法制办供图

《立法法》，在法律立项方面，确立了立法前评估制度，要求编制立法规划和年度立法计划，广泛征集意见，认真研究代表议案和建议，科学论证评估，根据经济社会发展和民主法治建设的需要，确定立法项目，提高立法的及时性、针对性和系统性。

在起草方面，要更加注重建立防范利益冲突的制度和机制。《纲要》根据十八届四中全会《决定》的精神，再次强调重要行政管理法律法规由政府法制机构组织起草，对部门间争议较大的重要立法事项，由决策机关引入第三方评估，充分听取各方意见，协调决定，不能久拖不决。探索委托第三方起草法律法规规章草案，一方面是为了提高制度建设的专业水平，同时也旨在防范部门利益法制化。

提高政府立法的质量，还需要进一步推进政府立法的精细化、及时性、系统性、针对性和有效性。推进政府立法精细化，主要是针对以往的法律规范较为原则，实际执行中可操作性差的问题。推进立法的精细化不但要密切联系政府工作的实际，而且要把握社会管理的规律。精细化不是事无巨细地规范甚至干预社会生活，而是要提高规则的针对性和可操作性，同时避免法繁扰民。增强政府立法的及时性，主要是针对法律制度的滞后性特点，使立法能够及时应对情势变化，及时回应社会改革发展等方面需求。增强政府立法的系统性、针对性、有效性，需要克服碎片化、无的放矢和规则空转等问题，形成真正有机的体系、有效的规则和有用的制度。

💻 ┃ 相关链接 ┃

　　《行政法规制定程序条例》第十二条：起草行政法规，应当深入调查研究，总结实践经验，广泛听取有关机关、组织和公民的意见。听取意见可以采取召开座谈会、论证会、听证会等多种形式。

⑤ 什么是立法后评估？

　　立法后评估是指法律、法规、规章实施后，由制定机关、实施机关运用科学的方法和技术，对法律、法规、规章的制度设计、实施效果、存在问题等进行跟踪、调查、评价，提出完善制度、改进行政执法等评估意见的活动。通过评估可以发现现行制度中难以适应新形势甚至可能阻碍经济社会发展的规定，为修改、废止现行规定以及制定配套制度提供坚实的数据信息和分析结论。

立法后评估通过对行政法规、规章实施后的有关情况进行跟踪调查，可以具体考察其立法目的是否达到，深入分析相关规定是否适合实际情况，并得出客观公正的评价结论，从而检验政府立法质量，衡量法律法规制度设计的实际效果。

立法后评估也是反映社会不同群体诉求的科学方法。立法后评估通过设定规范的标准、指标和程序，广泛深入地了解社会各方面的意见，确保最大程度地反映民意、集中民智。

《立法法》确立了立法后评估制度。目前，有些地方政府已经出台了专门规范政府立法后评估的规定，对立法后评估的组织实施、基本原则、主要标准、基本程序、评估成果的运用等作出规定，以推动和规范立法后评估工作。

6 加强重点领域政府立法主要包括哪些方面？

完善依法行政制度体系，围绕党和国家中心工作，紧密结合依法行政的实际需要，有重点、分步骤地加强重点领域政府立法，主要有以下几个方面：

一是完善社会主义市场经济体制方面的法律法规。主要是围绕充分发挥市场在资源配置中起决定性作用以及更好发挥政府在宏观调控、市场监管等方面的政府职能，保证立法项目有利于简政放权、放管结合、优化服务，理顺政府与市场的关系。必须以保护产权、维护契约、统一市场、平等交换、公平竞争、有效监管为基本导向，完善社会主义市场经济法律制度。

二是完善保障社会主义民主政治方面的法律法规。以保障社会主义民主政治制度化、规范化、程序化为目标，重点加强社会主义协商民主制度建设，推进协商民主广泛多层制度化发展，构建程序合理、环节完整的协商民主体系。完善和发展基层民主制度，依法推进基层民主和行业自律。完善国家机构组织法，完善工作机制。加快推进反腐败国家立法，完善惩治和预防腐败体系，形成不敢腐、不能腐、不想腐的有效机制，坚决遏制和预防腐败现象。

三是完善建设社会主义先进文化方面的法律法规。重点是建立健全坚持社会主义先进文化前进方向、遵循文化发展规律、有利于激发文化创造活力、保障人民基本文化权益的文化法律制度，包括：制定公共文化服务保障法及其配套法规和规章，促进基本公共文化服务标准化、均等化。制定文化产业促进法以及配套的法规、规章，把行之有效的文化经济政策法定化，健全促进社会效益和经济效益有机统一的制度规范。加强互联网领域立法，完善网络信息服务、网络安全保护、网络社会管理等方面的法律法规，依法规范网络行为。

四是完善保障公民权利和改善民生方面的法律法规。重点是加快保障和改善民生、推进社会治理体制，创新法律制度建设。依法加强和规范公共服务，完善教育、就业、收入分配、社会保障、医疗卫生、食品安全、扶贫、慈善、社会救助和妇女儿童、老年人、残疾人合法权益保护等方面的法律法规。加强社会组织立法，规范和引导各类社会组织健康发展。制定社区矫正法。

五是完善保护生态环境方面的法律法规。重点是加快建立有效约束开发行为和促进绿色发展、循环发展、低碳发展的生态文明法律法规制度，强化生产者环境保护的法律责任，大幅度提高违法成本。建立健全自然资源产权法律制度，完善国土空间开发保护方面的法律制度，制定完善生态补偿和土壤、水、大气污染防治及海洋生态环境保护等法律法规，促进生态文明建设。

六是完善加强政府自身建设方面的法律法规。重点围绕法治政府、创新政府、廉洁政府、服务型政府建设，完善规范政府共同行为方面的法律和行政法规。

⑦ 如何提高政府立法公众参与度？

公众参与政府立法，是我国扩大政府立法民主的具体实践，也是实现公民有序政治参与的重要途径之一。加强政府与社会公众的沟通，能够使立法机关和立法工作机构充分了解公众的关切和诉求，确保政府立法符合广大人民群众的意愿和需求。近年来，公众参与政府立法取得了较大进展，从中央到地方都对公众参与政府立法开展了探索和实践，听取意见的形式不断丰富。但是，我国政府立法公众参与制度尚不完善，现有的制度要求较为原则，具体的规则和程序内容相对较少，在一定程度上影响了公众参与的实效。针对上述问题，《纲要》将"提高政府立法公众参与度"作为完善依法行政制度体系，提高政府立法质量的重要举措，明确提出了拓展公众参与政府立法的途径和方式，要求建立健全一系列征求意见的制度和机制，加强与社会公众的沟通等要求。具体包括四个方面：一是充分发挥人大代表、政协委员、民主党派、工商联、无党派人士、人民团体、社会组织等在政府立法中的作用；二是建立有关国家机关、社会团体、专家学者等对政府立法中涉及的重大利益调整论证咨询机制；三是拟设定的制度涉及群众切身利益或各方面存在较大意见分歧的，要采取多种形式广泛听取意见；四是加强与社会公众的沟通，健全公众意见采纳情况反馈机制。国务院法制办公室从 2008 年起，除依法应当保密的外，所有行政法规草案都向社会公开征求意见，主要通过中国政府法制信息网征求意见，特别重要的行政法规草案同时通过《人民日报》《法制日报》等报纸征求意见。

📖 │ 相关链接 │

《立法法》第六十七条：

行政法规在起草过程中，应当广泛听取有关机关、组织、人民代表大会代表和社会公众的意见。听取意见可以采取座谈会、论证会、听证会等多种形式。

行政法规草案应当向社会公布，征求意见，但是经国务院决定不公布的除外。

8　什么是规范性文件？

《纲要》所称的规范性文件，是指各级政府及部门在履行法定职责的过程中，为执行法律、行政法规、规章和上级政府规范性文件的规定，依照法定权限和程序制定的直接涉及公民、法人和其他组织的权利和义务，在一定时期内反复适用、具有普遍约束力的文件。

规范性文件不得设定的事项包括：与法律、行政法规、规章和国务院决定、命令相抵触的事项；行政许可、行政处罚、行政强制以及其他不得由规范性文件设定的事项；减损公民、法人和其他组织合法权益或者增加其义务的事项；超越本级政府、本部门职权范围的事项。

规范性文件的内容可以用条文形式表述，也可以用段落形式表述。规范性文件可以使用"决议""决定""意见""办法""规定""规则""细则""通知"等名称，但不得使用"条例""批复""报告"等称谓。

下列文件不属于《纲要》所称的规范性文件：部门规章和地方政府规章；有关国家机关相互之间的行文；标准、规程等技术性文件；规范人事调整、内部机构设置、表彰决定、财务、外事等机关内部工作制度和工作方案方面的文件；请示、报告、会议活动通知、会议纪要、领导讲话、工作要点、工作总结；对具体情况的通报和对特定行政管理相对人具体事项的行政决定或者批复等不可反复适用、不具有普遍约束力的文件。

⑨ 制定规范性文件应当履行哪些程序？

根据《纲要》规定，要逐步完善规范性文件的制定程序，重点是进一步细化完善以下制度：

首先是起草。规范性文件的起草单位应当对要解决的问题、拟确立的主要制度或者拟采取的主要措施进行调研，对制定规范性文件的必要性、可行性、合法性进行论证，做到结构严谨、内容完备、形式规范、条理清楚、用词准确、文字简洁，符合行政机关公文处理的要求。

起草规范性文件，应当通过座谈会、论证会、听证会等多种形式广泛听取公民、法人和其他组织的意见。内容涉及其他部门职责或者与其他部门关系密切的，应当征求有关部门的意见。

规范性文件的内容涉及经济社会发展和人民群众切身利益的，还应当进行社会稳定、环境影响评价等方面的风险评估。风险评估可以采取舆情跟踪、抽样调查、重点走访、会商分析等方式，对规范性文件可能引发的各种风险进行科学预测、综合研判，确定风险等级并制定风险化解处置预案。

起草单位认为规范性文件草案基本成熟的，可通过政府网站等相关媒体公开征求意见，并根据公开征求意见情况对规范性文件草案进行修改完善。

其次是合法性审查。政府法制机构对规范性文件草案进行合法性审查，内容包括：是否符合法律、行政法规、规章的规定和国家的方针政策；是否属于本级政府或者本部门的法定职权范围；是否与其他规范性文件相协调；是否在法定权限内，按照规定程序制定；是否妥善处理了有关机关以及公民、法人和其他组织的主要意见；是否含有不能规定的行政许可、行政强制和行政处罚等事项。

政府法制机构在审查过程中可以要求起草单位进行说明、补充提供相关资料。如果发现规范性文件草案违反法律、行政法规、规章的规定和国家的方针政策，超越本级政府或者本部门职责权限的，相关规范性文件之间互相矛盾有待进一步协调处理的情形时，也可以中止审查，将草案退回起草单位。

第三是集体讨论决定。经审查通过的规范性文件草案，由起草单位会签，有关单位报本级政府会议或者本部门领导班子会议审议。审议通过的规范性文件，经本级政府或者本部门主要领导签批后印发。规范性文件的制定机关，对规范性文件实行统一登记、统一编号、统一印发。涉及公民、法人和其他组织权利义务的规范性文件，应当按照法定要求和程序予以公布，未经公布的不得作为行政管理依据。

⑩ 规范性文件备案审查应当符合哪些要求？

所有规范性文件都应当依法报送备案。要重点加强对违法增加公民、法人和其他组织义务或者影响其合法权益，搞地方保护或者行业保护等内容的规范性文件的备案审查工作。建立规范性文件备案登记、公布、情况通报和监督检查制度，加强备案工作信息化建设。对报送备案的规范性文件，政府法制机构应当依法严格审查，做到有件必备、有备必审、有错必纠。根据各地方的现行做法，乡镇、县、设区的市级政府应当自规范性文件发布之日起一定期限内，向上一级政府法制机构报送备案。地方政府部门应当自规范性文件发布之日起一定期限内，向本级政府法制机构报送备案。报送规范性文件备案，应当提交备案报告、正式文本和制定说明等。对于不报送或者不按时报送应当备案的规范性文件的，责令其限期补报。需要报送机构说明有关情况的，报送机构应当在规定期限内予以说明。

政府法制机构审查的主要内容包括：是否与宪法、法律、行政法规、地方性法规、地方政府规章相一致；是否与其他规范性文件对同一事项的规定相冲突；规定的内容是否明显不当，特别是有无违法增加公民、法人和其他组织的义务或者影响其合法权益，搞地方保护或者行业保护等内容；是否符合制定权限和程序。

经审查符合备案条件的规范性文件，由政府法制机构存档备查，并及时将备案情况通报报送机构，同时要定期向社会公布通过备案审查的规范性文件目录。审查中发现问题的，可以建议报送机构自行纠正，报送机构应当在规定期限内作出处理并反馈处理结果。对违法的规范性文件，要及时报请有权机关依法予以撤销并向社会公布。

公民、法人和其他组织对规范性文件有异议的，可以向制定机关、备案机构提出审查建议。制定机关、备案机构应当认真研究办理，并书面答复建议人。公民、法人和其他组织在申请行政复议时一并提出对有关规范性文件的审查申请，或者行政复议机关在审查具体行政行为时认为其依据的规范性文件不合法的，依照《中华人民共和国行政复议法》的有关规定执行。

⑪ 清理行政法规、规章、规范性文件应当遵循哪些基本要求？

各级政府要坚持立"新法"与改"旧法"并重的原则，采取日常清理和定期清理相结合的方法，清理行政法规、规章、规范性文件。对规章一般每隔 5 年、规范性文件一般每隔 2 年清理一次，清理结果要向社会公布。清理工作要坚持从实际出发，充分考虑可能对经济社会发展造成的影响。对拟宣布废止或者失效的行政法规、规章、规范性文件进行科学评估，确保不出现政策和管理上的"空档"。

《纲要》要求："自 2015 年起用 3 年时间，对国务院文件进行全面清理，清理结果向社会公布。"2015年3月，国务院决定对新中国成立以来以国务院和国务院办公厅名义印发的文件进行全面清理。这次文件清理工作按照"四个全面"战略布局，紧紧抓住发展这个第一要务，以简政放权、放管结合、激发市场活力、完善社会主义市场经济体制，更好促进稳增长、促改革、调结构、惠民生、防风险为着力点，把握严格依法依规、紧扣改革发展大局、着力保障和维护群众合法权益、全面提升政府治理能力、做到立改废释并举等5个方面重点。2015年12月，国务院印发了《关于宣布失效一批国务院文件的决定》，决定对与现行法律法规不一致、已被新规定涵盖或者替代、调整对象已消失、工作任务已完成或者适用期已过的489件国务院文件宣布失效。凡宣布失效的国务院文件，自该《决定》印发之日起一律停止执行，不再作为行政管理的依据。

《纲要》还要求，2017年年底前，有关部门和地方政府要完成对现行行政法规、规章、规范性文件的清理工作，清理结果向社会公布。

📖 | **相关链接** |

　　2016年6月15日，国务院总理李克强主持召开国务院常务会议，决定宣布失效一批与现行法律法规不一致、不利于办事创业、不适应经济社会发展需要的政策性文件；部署清理规范工程建设领域保证金，降低企业成本、营造公平竞争环境。会议指出，全面清理与现行法律法规不一致、不利于改革发展的政策文件，是持续推进简政放权、放管结合、优化服务改革，建设法治政府的重要举措，对更大发挥市场机制作用，营造实施创新驱动发展战略，推动大众创业、万众创新的良好环境，促进新经济、新动能成长，具有重要意义。

⑫ 如何处理清理中发现问题的行政法规、规章、规范性文件？

根据有关文件要求，对不符合经济社会发展要求，与宪法、上位法相抵触、不一致，或者相互之间不协调的行政法规、规章都要及时修改或者废止；凡不适应社会主义市场经济要求，以及妨碍深化改革、扩大开放的文件，都要予以废止；对相互抵触、依据缺失，不符合形势发展要求，特别是含有地方保护、行业保护内容的文件，都要予以修改完善；凡于法无据、有损群众合法权益的文件，都要抓紧废止或者修改。清理结果要向社会公布，把群众是否满意作为检验清理工作成效的最终依据。

各级政府及部门应当向社会公布行政法规、规章、规范性文件的清理结果及立改废情况，公布继续有效、废止和失效的行政法规、规章、规范性文件目录和文本。

⑬ 怎样实现行政法规、规章、规范性文件目录和文本的动态化、信息化管理？

行政法规、规章、规范性文件目录和文本的动态化、信息化建设是政府法制工作的重要内容。建立完整的政府法制信息资源数据库体系，建成政府法制数据中心和社会公众信息服务平台，是各级政府及部门面临的紧迫任务。

根据《2006—2020年国家信息化发展战略》的有关要求，各级政府及部门法制机构要建立法律、行政法规基本信息数据库，法律、行政法规英文数据库，国际条约数据库，国务院规范性文件基本信息数据库，国务院部门规章基本信息数据库，地方性法规基本信息数据库，地方政府规章基本信息数据库和规范性文件基本信息数据库。国务院部门法制机构建立本部门规章和规范性文件基本信息数据库。较大的市政府法制机构建立本市地方性法规、地方政府规章和规范性文件基本信息数据库。其他地市级政府法制机构建立本地区规范性文件基本信息数据库。

法规规章和规范性文件直接关系人民群众的日常生产生活和切身利益，在清理过程中要认真贯彻公众参与的原则，扩大社会公众参与清理的方式和渠道，广泛征求意见和建议，实行"开门清理"。为此，政府法制机构要建立和完善政府法制信息网站，政府部门法制机构要在本部门的政府网站上建立政府法制信息子站或者专栏，发布行政法规、规章、规范性文件目录和文本，依法做好政府法制信息公开工作，为社会公众提供行政法规、规章、规范性文件信息检索与查询服务，推动法规规章和规范性文件清理工作的深入开展。

第四章

推进行政决策科学化、民主化、法治化

行政决策是政府履行各种管理和服务职能的起点。规范行政决策活动是规范行政权力的重点，也是建设法治政府的工作重点。行政机关能否做到科学民主依法决策，体现着依法行政的水平，关系到能否正确履行政府职能，影响着能否实现到 2020 年基本建成法治政府的总体目标。《纲要》提出推进行政决策科学化、民主化、法治化的具体目标和措施，为各级行政机关健全依法决策机制、规范行政决策活动提供了基本遵循。

1 **如何理解推进行政决策科学化、民主化、法治化的目标？**

关于推进行政决策科学化、民主化、法治化，《纲要》提出的目标是："行政决策制度科学、程序正当、过程公开、责任明确，决策法定程序严格落实，决策质量显著提高，决策效率切实保证，违法决策、不当决策、拖延决策明显减少并得到及时纠正，行政决策公信力和执行力大幅提升。"这个目标立足于当前我国依法行政实际，是一个实事求是的目标、切实可行的目标。

一是既有制度建设目标，也有制度实施目标。制度建设目标是"行政决策制度科学、程序正当、过程公开、责任明确"。制度科学要求紧紧围绕服务和保障科学决策这个核心，把握好平衡点，保证科学的决策行为和决策结果；程序正当要求决策机关充分听取决策事项利益相关方的意见建议，避免偏听偏信；过程公开要求按照规定吸收社会各方面参与决策过程的重要活动，公开决策有关信息；责任明确要求规定参与决策各方的权利、义务与责任，促进其尽职履责。制定实施目标是"决策法定程序严格落实"，要求各级行政机关严守依法决策底线，不超越法定权限，不违反法定程序，"不走过场、不绕圈子"，老老实实走程序，坦坦荡荡作决策。

二是既有过程要求，也有结果要求。过程要求就是"决策法定程序严格落实"。结果要求就是"决策质量显著提高，决策效率切实保证，违法决策、不当决策、拖延决策明显减少并得到及时纠正，行政决策公信力和执行力大幅提升"。

三是既有正向指标，也有反向指标。反向指标是"违法决策、不当决策、拖延决策明显减少并得到及时纠正"。如果能够从总体走势上确认在某一地区、某一时期内的违法决策事件发生频率明显减少，就可以直观反映政府依法决策工作迈上新台阶。

❷ 健全依法决策机制应当坚持哪些原则？

第一，坚持科学民主依法决策贯穿行政决策活动始终。健全依法决策机制能够提供一整套科学民主依法决策的思维方式、办事方法、规矩遵循，让行政机关工作人员特别是各级领导干部在实际工作中学习掌握、熟练运用，让科学民主依法决策的理念和要求内化于心、外化于行。建立完善的重大行政决策程序制度，可使县级以上地方人民政府等决策机关从决策动议开始，组织做好决策工作各环节的调查研究、论证评估工作，认真听取社会公众特别是利益相关方的意见建议并采纳其中的合理意见，严格履行决策程序规定，建立决策后评估和纠错制度，强化决策责任追究，以决策过程的科学化、民主化、法治化提高决策质量，保证决策公信力和执行力。

第二，坚持行政首长负责制。要坚持而不能违背行政首长负责制，避免矫枉过正，因权责归属不明确而走向不负责、不作为的另一极端。需要明确两点：首先，集体讨论目的是帮助行政首长更好地作出决策，最终责任也由行政首长承担。其次，健全依法决策机制的重点是明确决策承办单位等决策辅助机构的职责和任务，为决策机关行政首长最终决策服好务。

第三，坚持保证行政效率。政府作为国家权力机关的执行机关，站在经济社会事务管理的第一线，决定了保证效率对行政决策具有极其重要的意义。为此，要适应政府决策的实际需要，在制度设计和工作要求上为保证行政效率留下适当的灵活性。对需要"因地制宜"的事项不应管得过细过死，让决策机关在规定范围内进一步细化；对需要"因事制宜"的程序环节可以留白，由单行法律制度作出更有针对性的规定；对需要便宜行事、立即作出决策的情形应当简化决策程序，让承担责任的行政首长可以见机行事、当机立断。既要严格规范政府决策行为，防止乱决策、违法决策、拍脑袋决策，又要切实保证行政效率，避免束缚政府手脚，导致政府不敢决策、不愿决策、不能决策。

③ 如何理解决策"法定程序"?

《纲要》将公众参与、专家论证、风险评估、合法性审查和集体讨论决定五大程序定位为"法定程序"，既体现了贯彻落实中央文件最新精神，也体现了对重大行政决策程序制度认识的深化。

决策法定程序应注重两方面内容。一方面，重在落实决策程序制度的刚性约束。各级立法机关要综合考虑政府决策实际及行政机关能做到或者经适当努力可以做到的总体情况，将公众参与、专家论证、风险评估、合法性审查和集体讨论决定确定为重大行政决策法定程序，划好"硬杠杠"，强化依法决策的底线意识，保证重大决策严格按照法定程序作出，依法作出的决策能够得到贯彻执行。

另一方面，应考虑到各类决策事项的共性和各程序环节的差异，不宜笼统地要求所有程序环节都属于必经程序。《纲要》对公众参与、专家论证以及风险评估程序没有笼统地提出应作为必经程序的硬性要求，而是考虑根据实际情况、由相关领域专门制度确定适用条件；《纲要》强调合法性审查与集体讨论决定应作为重大决策必经程序。

④ 如何增强公众参与实效，避免"走过场"？

近年来，一些关系国计民生的重大项目因群众不理解、不支持而不能出台，或者决策后遭到群众强烈抵制，最终导致决策"决而难行""行而又止"，项目虎头蛇尾、匆匆下马的事件时有发生，既给国家利益造成重大损失，也严重影响政府公信力和执行力。这种情况发生的背后往往有一个共同的问题，那就是决策中的公众参与流于形式、"走过场"，甚至关起门来作决策。

作为与群众关系最直接、最密切的决策程序，公众参与的重要性日益凸显。实践表明，保障社会公众依法有序参与重大行政决策，有利于"听民意、集民智"，有利于保护公民、法人和其他组织的合法权益，有利于提高公众对政策的信任度和支持度，既能提高决策质量，又能夯实社会基础，减少决策执行中的矛盾和冲突，增强政府公信力和执行力。增强公众参与实效，需要把握好社会公众"我要参与"的诉求和行政机关"我能做到"的限度，坚持有限事项、多种方式、有据采纳、积极推进。具体从以下方面着手：

2015年8月，张家港市举行居民生活用水价格调整及实行阶梯式水价听证会。

江苏省张家港市政府法制办供图

一是明确事项范围，将事关经济社会发展全局和涉及群众切身利益的重大行政决策事项作为公众参与的重点领域。充分调动群众参与决策、表达诉求的积极性，夯实决策顺利实施的基础。

二是采取多种方式，广泛听取意见，与利害关系人进行充分沟通，并注重听取有关人大代表、政协委员、人民团体、基层组织、社会组织的意见，确保切身利益受到影响的各方面群体特别是弱势群体充分表达诉求。

三是加强平台建设，为有效开展公众参与提供有力的支持和保障。可以考虑以政府门户网站为基础，建立统一的决策参与互动平台，同时积极探索运用官方微博、微信等各种创新方式推动公众参与。

四是做好社会关注度高的决策事项的宣传引导和解释说明，

把公众意见作为决策的重要参考，合理意见要充分采纳，合法诉求要切实解决，及时反馈社会公众意见采纳情况和理由。

五是对文化教育、医疗卫生、资源开发、环境保护、公用事业等重大民生决策事项鼓励推行民意调查制度，提高公众参与的效率，力求形成公平普惠的决策方案。具体的民意调查和数据分析工作，有条件的地方可以通过政府购买公共服务等方式遴选第三方专业机构承担。

📝 典型事例

2012 年年初，广州市在同德围地区综合整治工作中尝试引入决策公众咨询委员会方式，建立"同德围地区综合整治工作咨询监督委员会"作为政民互动平台，在群众、政府、媒体乃至相关专业领域搭建起沟通的桥梁和平台，顺利收集同德围地区 12 个方面 1100 多条意见，调整方案 30 多次，2 年内完成道路、公园、公厕、医院、学校、垃圾压缩站、高架桥建设，以及地铁勘探、涵洞改造等十项民生工程，得到社会广泛的好评。随着同德围公咨委的成功运作，广州市委、市政府大力推进这种公众参与决策机制。

📖 延伸阅读

《广州市重大民生决策公众咨询监督委员会工作规定》（穗府办〔2015〕43 号）

⑤ 哪些决策事项需要进行专家论证？

现代社会具有高度的系统性、复杂性，客观上需要在行政管理中充分发挥专家的作用，特别是一些专业性技术性较强的决策事项。专家参与政府决策的基础是其知识技能方面的专长，通过提供专业的技术服务增强决策的科学性。因此，可以说专家论证是科学决策的重要体现。

《纲要》没有笼统地要求把专家论证作为决策必经程序，而是提出："对专业性、技术性较强的决策事项，应当组织专家、专业机构进行论证"。这样规定的主要考虑是，决策事项涉及专业性、技术性问题不多的，可使用常规工作机制解决。加之偏远地区专家数量有限，聘请外地专家或专业机构论证成本高，论证效果也未必有保证。适当限制专家论证范围，可以减少地方负担。

⑥ 如何提高专家论证的质量？

在平衡专家、决策者以及公众之间关系的基础上，合理定位专家的角色，建立相应的保障制度机制，是充分发挥专家论证作用、提高专家论证质量的关键。具体而言就是要选好专家、用好专家、待好专家。

一是选好专家。要健全专家遴选机制，破解遴选"听话"专家的"潜规则"，把专业能力、资质、经验和诚信作为主要遴选标准。"选好专家"首先要解决"到哪儿找专家"的问题。最好的办法是储备各类专家资源，培育专家队伍，建立常备的专家

2015年3月，来自国家食品安全风险评估中心以及各大学的专家学者参加"京津冀食品安全风险防控协作机制"研讨会暨食品安全治理协同创新中心—京津冀一体化发展协同创新中心签约仪式，共议京津冀食品安全风险防控协作标准。

新华社 陈君清／摄

库，避免"遇事瞎抓、一把砖家"。为此，《纲要》提出："加强中国特色新型智库建设，建立行政决策咨询论证专家库。"

但是，要求各级各地行政机关普遍建立专家库并不现实。省级政府和国务院有关部门应当先行一步，建立起重大行政决策咨询论证专家库，健全专家库运行管理、诚信考核和退出机制。在此基础上，有条件的设区的市级人民政府也可以建立自己的专家库。没有条件的行政机关需要使用专家的，可以按照程序请求调用有关上级行政机关专家库。

遴选专家，要保证选出对决策事项相关专业问题确实有研究、有经验并且有责任心的专家。最基础的标准是专业性，同时也要注重代表性和均衡性，保证专家、专业机构与决策事项之间没有直接利害关系，没有受到不当影响。有的决策事项社会各方面存在重大意见分歧，对影响决策的关键问题也可能存在不同认识，为保证论证客观、结论可信，应当请持不同意见的各方专家参与论证。

二是用好专家。第一，要为论证活动提供必要支持。建立有效机制让专家充分了解行政机关的决策动向、重点工作，及时提供与决策事项有关的充分信息，以保障论证结果契合实际、符合需要、科学可行。第二，要建立专家论证公开制度。阳光是最好的防腐剂。逐步实行专家信息和论证意见公开，可以促使其客观、独立、科学、负责地提出论证意见，促进其对论证意见、科学声誉和社会信誉负责。有条件的地方可以让新闻媒体和公众参与旁听专家论证的重要活动，让专家接受社会监督。第三，要不断增强专家论证的开放性和互动性。对社会关注度高的问题，行政机关可以组织专家、专业机构向社会公众解释说明。既让科学结论建立在充分了解民意的基础上，向决策层传导公众意见和建议；又让专家发挥桥梁纽带的作用，向公众特别是利害关系人阐明决策涉及的专业性、技术性问题，从而增强决策的科学性和公众认可度。

三是待好专家。第一，行政机关应充分重视专家论证意见，把其作为决策的重要参考，注重反馈最终决策对专家论证的采纳和运用情况，对专家咨询论证意见不予采纳的，以适当方式说明原因，以保护专家参与决策咨询论证的积极性。第二，为专家更好地履行职责提供必要支持。行政机关可以建立日常机制，定期向纳入专家库的专家传递有关政府重点工作、关注问题及中长期规划等信息，让专家了解决策需求和实际情况。有条件的地方还可以根据专家的要求，为其参与相关行政活动提供便利，增强双方互动与互信。第三，要提供适当礼遇和合理报酬，给予适度激励，对作出重大贡献、考核优秀的专家，按照规定给予奖励。

⑦ 怎样进行决策风险评估？

世界上不存在有百利而无一害的事物，现实中也不存在只有好处而没有风险的决策。因此，风险评估是防范决策风险、减少决策失误的重要举措，能够保证决策者在全面清醒认识决策负面影响的基础上进行决策。我国的决策风险评估尚处于起步阶段，风险评估程序的实际履行情况不够理想。做好重大决策风险评估，提高风险评估质量，要做到应评尽评、综合评估、风险可控。

一是应评尽评。理论上，所有决策都存在这样那样、或大或小的风险，因此应把风险意识贯穿于决策全过程。依照法律法规或者有关规定应当进行风险评估的，都应按照规定进行评估《纲要》强调落实重大决策社会稳定风险评估机制，凡是按照规定应当进行社会稳定风险评估的，决策前都应当进行评估。

二是综合评估。开展风险评估要多方权衡、综合评判，通过舆情跟踪、抽样调查、重点走访、会商分析等方式，全面查找风险源、风险点。要运用定性分析与定量分析等方法，对所有风险点逐一进行分析，科学预测、综合研判风险发生概率、矛盾强度、持续时间、负面影响以及可控程度。在评估过程中要充分听取意见，可以采取公示、问卷调查、入户访问、召开座谈会等方式广泛听取有关方面的意见。有条件的，可以引入社会组织、专业机构等开展第三方评估。要全面梳理各方面意见和情况，对决策方

2014 年 11 月，2014 年四川省市级政府依法行政第三方测评培训会议现场。

四川省政府法制办供图

案的合理性、可行性和风险可控性进行分析论证，科学客观评估，如实反映决策可能引发的各种风险及其影响程度，实事求是地确定风险等级，有针对性地提出风险防范措施和化解处置预案。

三是风险可控。决策机关要把风险可控作为决策重要标准，既不能无视风险乱决策，也不能患得患失不敢决策。经评估认为风险不可控的，应当作出不实施的决策，或者调整决策方案、待风险可控后再行决策；经评估认为风险可控的，也要把握好时机，把风险防范和化解处置的责任与措施落实在决策之前。

⑧ 如何对行政决策进行合法性审查？

合法性审查是依法决策的重要保障。随着依法决策观念逐渐确立，由法制机构进行合法性审查已成为各地区各部门决策实践的普遍做法。对重大决策进行合法性审查要把握以下几点：

第一，合法性审查是决策过程中的正式程序，须各方都有履行决策必经程序的共同认识和实际行动。一方认为系送请合法性审查，另一方只回复参考意见而未明确提供合法性审查意见的，不能算已履行合法性审查程序。一方向法制机构发函征求意见，或者邀请法制机构参加座谈，法制机构函复意见或者在非正式活动上表达意见的，也不能算合法性审查意见。

第二，审查时点在重大行政决策事项提交决策机关集体讨论之前。决策机关及其办公厅（室）不应倒置程序，先排好议程再交法制机构限时审查。

第三，审查内容为决策权限、程序和内容等方面的法律问题。一是决策事项是否于法有据，经审查认为不属于决策机关法定职权范围的，建议不决策或者按照规定提请有权机关进行审批、依法授权。二是决策程序是否依法履行，未履行法定程序或者履行程序不符合规定的，建议补正或者重新履行相关程序。三是决策内容是否依法合规，经审查认为决策方案、备选方案或者风险防范化解处置措施等不符合有关法律、法规、规章及国家政策规定的，建议进行修改。

第四，合法性审查不能"走过场"，法制机构必须"只唯法、不唯上"，严格依照法律规定进行审查并给出明确意见，承办部门要根据审查意见研究修改决策方案、补正或者重作决策程序。

⑨ 如何加强合法性审查力量建设？

要建立政府法制机构人员为主体、吸收专家和律师参加的法律顾问队伍，保证法律顾问在制定重大行政决策、推进依法行政中发挥积极作用。

第一，政府法制机构是保证依法决策的中坚力量。要解决法制机构力量薄弱的问题，大力加强政府法制机构建设，健全机构设置，明确工作职责，提供履职保障，使法制机构的规格、编制与其承担的保障依法决策职责和任务相适应。同时，也要解决"只压任务、不给条件"的问题，保障政府法制机构参与决策过程相关工作，列席审议决策的相关会议，为深入研究论证决策涉及的法律问题提供必要条件。

第二，保证决策合法要充分借助外脑。政府聘请专家学者、律师担任外部法律顾问，提供专业的法律咨询论证服务，既有助于解决决策涉及的疑难复杂法律问题，也有助于通过第三方结论增强说服力。要防止"聘而不用""顾而不问"的问题，建立健全法律顾问的选拔聘用、联络协调、工作管理、绩效考评、奖励追责制度，切实发挥法律顾问的专业优势和重要作用。

相关链接

《中共中央关于全面推进依法治国若干重大问题的决定》指出：

建立行政机关内部重大决策合法性审查机制，未经合法性审查或经审查不合法的，不得提交讨论。

积极推行政府法律顾问制度，建立政府法制机构人员为主体、吸收专家和律师参加的法律顾问队伍，保证法律顾问在制定重大行政决策、推进依法行政中发挥积极作用。

10 如何进行重大决策的集体讨论决定？

集体讨论决定是民主决策的重要内容。对重大行政决策实行集体讨论决定，有利于发挥决策机关领导班子的集体智慧，对加强领导班子内部民主监督也具有重要作用。重大决策作出前由领导班子进行集体讨论，已成为行政机关的普遍做法。但实践中，会议形式不够规范、会议过程"一言堂"等问题还比较普遍，有必要按照《纲要》规定，从以下四个方面进一步加以规范：

第一，严格规范审议形式。重大行政决策应当经政府常务会议或者全体会议、部门领导班子会议讨论。目前，省市级地方政府能做到每周或者每两周召开一次常务会议的还不多。许多地方对审议会议的形式要求不严格，基本上是常务会议、行政首长主持的办公会议、专题会议等，赶上哪个会议就上哪个会议审议。今后需要调整工作方式，把重大行政决策放到政府常务会议上或者部门领导班子会议上来进行审议。

第二，处理好集体讨论与首长决定的关系。我国《宪法》第一百零五条规定："地方各级人民政府实行省长、市长、县长、区长、乡长、镇长负责制。"行政决策集体讨论决定制度是民主集中制的体现，是落实行政首长负责制的必要制度形式。通过对决策方案进行集体讨论，让与会人员充分发表意见，是发扬民主的体现；通过集体讨论帮助行政首长更好地了解情况、集思广益、作出决策，而不是以集体的名义进行决策，是行政首长负责制的体现，最终有权决策并对决策承担责任的仍然是行政首长。

第三，审议过程要充分发扬民主。其他会议组成人员发表意见前，行政首长不应发表倾向性意见；行政首长综合讨论情况，可以根据多数意见、少数意见或者自己的判断作出决定；行政首长拟作出的决定与会议组成人员多数人的意见不一致的，应当在会上说明理由。

第四，健全决策审议记录存档制度。集体讨论情况和决定要如实记录、完整存档。这是体现依法作出的决策权威性的要求，也便于事后追究责任和考察识别干部，并促使领导干部依法谋断、尽职尽责。

⑪ 决策作出后如何跟踪问效？

作出决策后，跟踪了解决策执行情况，根据客观情况的变化对原有决策进行必要调整，属于决策完整周期的组成部分。为保证决策执行、及时发现决策偏差、提高决策纠错效果，《纲要》明确要求，决策机关应当跟踪决策执行情况和实施效果，根据实际需要进行重大行政决策后评估。关于决策后评估，主要涉及三个问题：

第一，是否评估、何时评估？是否评估、何时评估，都应由决策机关根据实际情况决定。也就是说，不宜笼统地要求决策作出后都要评估、在一定期间内就要评估。一般来说，当决策实施明显未达到预期效果，或者社会各方面对决策的实施关注度高、提出较多意见的情况下，可以考虑进行决策后评估。

第二，如何评估？需要进行评估的，建议采取规范的工作机制，包括引入第三方专业机构评估、广泛听取社会意见等。事实表明，由独立第三方或者多元主体参与的"异体评估"，相比于"自说自话"的"自体评估"，更有利于了解决策执行的真实情况，对复杂情况提出的应对处置方案往往也更为专业可行。

第三，评估后怎么办？后续可能采取的处理方式包括采取适当的应急处置措施，或者依照规定程序调整决策。

⑫　如何追究决策责任？

责任追究是权责一致的内在要求，是决策制度落实的重要保障。责任追究制度不完善、落实不到位，科学民主依法决策制度就是一句空文。按照要求，追究决策责任要做到以下几点：

第一，落实决策终身责任追究制度，不论事发时责任人在岗在任，还是已升迁、调转或者离退休，都要一查到底、严格追究。

第二，严格责任追究，除了追究乱决策、违法决策造成的严重失误，对于"混事官""太平官"等消极不作为行为，造成重大损失、恶劣影响的，也要严格追究责任。

第三，建立重大决策责任倒查机制，对从决策承办到执行的全过程进行层层追溯，查明问题责任。做到见事又见人，保证失误原因不查清不放过、责任人得不到处理不放过、整改措施不落实不放过。

第四，完善责任追究配套制度，实行决策绩效评估机制，科学判断决策失误；建立决策案卷制度，准确识别责任归属；完善决策过错认定标准和责任追究启动机制，提高责任追究制度的可操作性。

在科学判断决策失误原因的前提下，还要健全容错机制，对于依法依规作出的改革决策，进行的创新探索，不能求全责备，要按照规定视情形减轻或者免于追责。

💻 | 相关链接 |

> 《中共中央关于全面推进依法治国若干重大问题的决定》指出：建立重大决策终身责任追究制度及责任倒查机制，对决策严重失误或者依法应该及时作出决策但久拖不决造成重大损失、恶劣影响的，严格追究行政首长、负有责任的其他领导人员和相关责任人员的法律责任。

第五章

坚持严格规范公正文明执法

　　坚持严格规范公正文明执法，是提升行政执法公信力的重要途径，也是实现社会公平正义的重要保障。《纲要》提出了坚持严格规范公正文明执法的目标，明确了改革行政执法体制、完善行政执法程序、创新行政执法方式、全面落实行政执法责任制、健全行政执法人员管理制度、加强行政执法保障等六个方面的具体措施，为当前和今后一段时期加强行政执法工作指明了方向和路径。

1 怎样合理配置执法力量？

市县两级政府行政执法机关每天都要直接面对大量的具体执法事项。同行政管理相对人打交道，需要大量的人力物力作支撑。反观中央、省级政府，有关行政执法方面的工作重点是政策指引、宏观管理，不需要维持数量庞大的执法队伍。因此，改革行政执法体制，其中一个重要内容就是根据不同层级政府的事权和职能，按照减少层次、整合队伍、提高效率的原则合理配置执法力量。可以把市县以上行政机关执法人员编制精简调整至市县政府，充实基层执法队伍，缓解基层执法力量薄弱的问题。同时，明确各级行政机关执法权限划分，消除上下级行政机关执法重叠现象，解决多层重复执法问题。

相关链接

《中共中央关于全面深化改革若干重大问题的决定》指出：整合执法主体，相对集中执法权，推进综合执法，着力解决权责交叉、多头执法问题，建立权责统一、权威高效的行政执法体制。

《中共中央关于全面推进依法治国若干重大问题的决定》指出：根据不同层级政府的事权和职能，按照减少层次、整合队伍、提高效率的原则，合理配置执法力量。

2014 年 10 月，河北省涉县对工商、质检、食药监三部门进行整合。图为综合执法团队工作现场。

新华社　牟宇／摄

图为企业代表在展示整合后的新机构颁发的营业执照。

新华社　牟宇／摄

2 加强综合执法需要从哪些方面着手？

综合执法是专门针对"多头执法、交叉执法"等执法问题的改革举措，能够相对集中执法力量，有效避免"有利的都来管，无利的都不管"的现象。加强综合执法主要从以下方面着手：

一是减少执法队伍种类。很长一段时间里，一些部门分专业设立了多支执法队伍，都穿制服、都有执法权，导致职能交叉。这种模式不仅导致执法力量分散，也容易造成重复检查和处罚，加重了企业和群众负担，影响了行政执法机关的形象。

二是重点领域综合执法。从人民群众反映的情况看，执法问题较多集中于食品药品安全、工商质检、公共卫生、安全生产、文化旅游、资源环境、农林水利、交通运输、城乡建设、海洋渔业、商务等领域，必须下大力气在这些领域推行综合执法，回应社会关切。

三是跨部门综合执法。有条件的地方推行跨部门综合执法，特别是对于不同部门下设的职责内容相近或相似的执法队伍，可以逐步整合为一支队伍，集中行使多个部门的执法权。

相关链接

《中共中央关于全面深化改革若干重大问题的决定》指出：减少行政执法层级，加强食品药品、安全生产、环境保护、劳动保障、海域海岛等重点领域基层执法力量。

《中共中央关于全面推进依法治国若干重大问题的决定》指出：推进综合执法，大幅减少市县两级政府执法队伍种类，重点在食品药品安全、工商质检、公共卫生、安全生产、文化旅游、资源环境、农林水利、交通运输、城乡建设、海洋渔业等领域内推行综合执法，有条件的领域可以推行跨部门综合执法。

📝 | 典型事例 |

从 2011 年起，湖南省长沙市长沙县 20 多家政府部门的行政执法力量从原单位剥离出来，整合成商卫食药、农业、城乡建设、社会事务 4 个行政执法大队，并在此基础上组成了长沙县行政执法局，实现了管罚分开，权责对等。行政执法局面对居民投诉和上级问责，"无法向任何人推诿，也无法找任何借口"。另外，长沙县还设立了行政执法改革联席会议，建立了与上级职能局的信息联通机制，以解决行政执法局与 20 多个职能部门的协作、与上级职能局的沟通等问题。

③ 如何理顺城管执法体制？

理顺城管执法体制，是深化城市行政执法体制改革的重要任务。一段时间以来，围绕城管执法出现的问题层出不穷，一些负面报道也屡见不鲜，严重影响城管执法活动的公信力。

为解决这一问题，有的地方从完善管理和协调机制建设，提高执法人员素质，改进执法方式等方面不断加以改进，取得了良好的效果。从各地实践经验看，主要是加强城市管理综合执法机构建设，完善管理和协调机制，从偏管理向重服务的思路转变，加强城管执法机构和队伍管理，提高执法人员素质，规范城管执法行为，充分发挥综合执法的服务作用。

📺 **| 相关链接 |**

2015年12月，中共中央、国务院《关于深入推进城市执法体制改革　改进城市管理工作的指导意见》指出：

（三）总体目标。到2017年年底，实现市、县政府城市管理领域的机构综合设置。到2020年，城市管理法律法规和标准体系基本完善，执法体制基本理顺，机构和队伍建设明显加强，保障机制初步完善，服务便民高效，现代城市治理体系初步形成，城市管理效能大幅提高，人民群众满意度显著提升。

（六）综合设置机构。按照精简统一效能的原则，住房城乡建设部会同中央编办指导地方整合归并省级执法队伍，推进市县两级政府城市管理领域大部门制改革，整合市政公用、市容环卫、园林绿化、城市管理执法等城市管理相关职能，实现管理执法机构综合设置。统筹解决好机构性质问题，具备条件的应当纳入政府机构序列。遵循城市运行规律，建立健全以城市良性运行为核心，地上地下设施建设运行统筹协调的城市管理体制机制。有条件的市和县应当建立规划、建设、管理一体化的行政管理体制，强化城市管理和执法工作。

典型事例

　　山东省全省 17 个市、91 个县和县级市全部实现了城市管理领域行政处罚权的相对集中，成立了政府直属的城市管理行政执法机构，独立承担从相关职能部门调整出来的市容环境卫生、城市规划、城市绿化、市政管理、环境保护、工商行政管理、公安交通管理等方面法律、法规、规章规定的全部或部分行政处罚权。

4 如何加强行政执法和刑事司法的衔接？

　　依法打击违法犯罪行为，维护经济社会秩序，是行政机关和司法机关的共同职责，有着共同的目标，相互之间应当加强协作配合。实践证明，在一些已经建立行政执法机关和司法机关情况通报、联席会议、案件移送、信息共享机制的地方，对于在行政执法环节及时发现涉嫌犯罪案件，具有十分重要的作用。在深化行政执法体制改革中，要加强行政执法和刑事司法衔接机制建设，完善案件移送标准和程序，建立健全行政执法机关、检察机关、审判机关信息共享、案情通报、案件移送制度，坚决克服有案不移、有案难移、以罚代刑现象。

5 如何完善行政执法程序？

　　行政执法程序是实现程序正义，保障行政执法活动规范有序进行的必要条件。完善行政执法程序需要做好以下五个方面的工作：

一是建立健全行政裁量权基准制度。法定标准前提下的酌情裁量是行政执法的固有特征。但在行政执法实践中，裁量权有可能被随意行使，易产生因人执法、执法不公等问题。这一直以来都是完善行政执法程序的难点和重点。有的不根据事实情节依法裁量，"下手"轻重主要看自己心情，主要看相对人态度，主要看亲友"人情"。规范行政裁量权，是加强对行政裁量行为的控制，避免随意执法的重要保障。有关部门可以对法律、法规、规章规定的行政处罚项目进行梳理，细化、量化行政裁量的标准，进一步规范行政裁量的范围、种类、幅度。做到既严格执法，又根据情节轻重依法慎重使用裁量权，确保执法有理、有据、有度。

二是建立执法全过程记录制度，制定行政执法程序规范。完备的执法过程记录，是提高执法质量、保证执法公平公正的重要保障，对预防争议有着不可估量的作用。一般来说，执法全过程记录包括录音、录像、文字等一切可存储的记录手段，在设备上要求标准化，在采集过程中要求科学化，有利于裁决时保证证据无缺失、无瑕疵，做到判断有理有据；有利于降低执法成本，提高执法的效率和准确性、公正性。同时，制定行政执法程序规范，明确具体操作流程，标准化记录执法全过程，也是提高执法公信力的重要途径。有关部门可以根据法律法规的规定，对行政执法环节、步骤进行具体规范，做到流程清楚、要求具体、期限明确。把执法公示、公开作为公平、公正执法的重中之重，把执法依据、执法权限、执法过程、执法结果等重要内容公之于众，防止"暗箱"操作和腐败寻租。

三是健全行政执法调查取证、告知、罚没收入管理等制度。

健全行政执法的调查取证、告知、听证、集体讨论决定、罚没收入管理，是完善行政执法程序的重点内容，也是维护行政管理相对人的知情权、表达权、参与权、申请回避权、监督权、救济权的重要保障。一方面，在立案、调查取证阶段，行政执法机关应当依照法定程序为行政相对人提供一切便利条件，以便行政相对人能够依法及时行使权利，保障行政相对人的参与权和知情权。严格执行行政处罚法，依法应当立案调查的，必须立案调查、取证，按照程序作出处罚决定，不得当场处罚。同时，进一步完善罚没收入制度，严格执行罚缴分离和收支两条线管理制度，严禁罚没收入同部门利益直接或者变相挂钩。另一方面，要明确听证、集体讨论决定的适用条件。结合实际，明确需要集体讨论决定的行政处罚事项，依法应当经集体讨论决定的，必须由行政机关负责人集体讨论决定，并建立讨论记录制度，做到有据可查。依法应当组织听证的，行政机关必须组织听证，并根据听证笔录作出处罚决定。

四是完善行政执法权限协调机制，建立异地行政执法协助制度。行政机关在实施法律法规时，既要明确分工、各负其责，也要互相配合、密切协作。这既是法律制度的明确规定，也是行政执法工作的现实需要。当前，行政机关执法交叉、重叠现象在一些地区和领域依然存在，有的还存在跨区域执法问题，需要各个行政执法机关协作配合，既包括不同部门、不同领域行政执法机关之间的配合，也包括不同层级、不同区域行政执法机关相互协助配合。因此，各地方各部门在贯彻《纲要》过程中，要进一步完善行政执法权限协调机制，在明确执法权限边界的同时，做好执法权限协调工作。同时，要建立健全异地行政执法权限协调机制，做好不同行政区域之间行政执法机关相互协调和配合工作，避免出现执行缺位、相互推诿等现象。

五是严格执行行政执法决定法制审核制度。行政执法决定法制审核制度的全面正确实施，是行政执法机关依法履行职责的重要保障，是为行政执法行为再加一道"安全围栏"。政府法制机构在行政执法决定作出前进行法制审核，能够及时发现行政执法决定中存在的主体不明、证据不全、程序不到位等问题，避免行政执法机关作出有瑕疵的行政执法决定。实践证明，对行政执法决定实施法制审核，特别是对重大行政执法决定的审核，有利于提高行政执法水平，有利于维护行政执法机关的权威，有利于促进行政执法机关严格规范公正文明执法。政府法制机构要积极履行职责，严格把关，做好重大行政执法决定法制审核制度的贯彻实施工作。重点围绕主体是否合法、事实是否清楚、证据是否确凿、程序是否正当、适用法律是否准确、处罚幅度是否适当等进行审核，未经法制审核或者审核未通过的，不得作出决定。

📺 相关链接

《中共中央关于全面推进依法治国若干重大问题的决定》指出：

完善执法程序，建立执法全过程记录制度。明确具体操作流程，重点规范行政许可、行政处罚、行政强制、行政征收、行政收费、行政检查等执法行为。严格执行重大执法决定法制审核制度。

建立健全行政裁量权基准制度，细化、量化行政裁量标准，规范裁量范围、种类、幅度。

6 如何运用信息化手段促进行政执法规范化？

行政执法信息化建设和信息共享的目的，是实现行政执法管理的科学化、规范化、透明化。目前，一些地方和部门已经建立了以行政执法信息平台为核心内容的行政执法信息管理系统，实现了各层级各区域执法人员信息的统一管理和查询、执法证件的统一发放和管理、执法信息共享，增强了行政执法的整体效能，规范了执法行为。加快运用"云计算""大数据"等现代信息化手段实施监管和服务，提高执法效能，是大势所趋。同时，随着我国信息技术的不断发展，网络化、信息化已经成为行政管理的发展方向。因此，行政执法机关要加强执法信息化建设，为执法

中山市行政执法部门广泛运用行政处罚自由裁量权标准化管理及执法监督系统，将行政处罚事项和裁量标准在网上公开运行。　　　　　　　　　广东省中山市法制局供图

信息共享创造良好条件；网络资源整合条件较好的地方和部门，要加快进度，力争2016年年底前建立统一的行政执法信息平台，重点完善执法办案及信息查询系统建设。

📝 | 典型事例 |

　　重庆、广东、福建等省市已经在交通行政执法领域开展了综合执法信息化建设。其中，广东省结合综合执法改革，开展综合执法信息化建设。新的综合行政执法信息系统覆盖了道路运政执法、公路路政执法、港口行政执法、水路运政执法、航道行政执法等五大门类，支持全省各级交通综合执法机构的案件办理、执法监督、系统监控管理等所有日常工作。同时，通过广东数据中心的信息平台，系统横向实现了与省道路运政系统、省港航系统、省港口系统、省监察系统、省非税系统数据共享，业务协同。

7 在行政执法中可以采用哪些非强制性执法手段？

　　非强制性执法手段也称为柔性执法手段，是一种区别于运用强制性手段的执法方式，包括行政指导、行政合同、行政奖励、行政给付等。作为提升管理水平和公共服务能力的有效方式，非强制性执法手段已经被各级政府及其执法部门广泛运用。现代行政法的发展证明，过于强调强制性手段，会导致行政权缺乏灵活性，且容易因为相对人的对抗或者抵制而大大降低其功效。反观非强制性执法，则能够适应复杂多样化的经济和社会管理需要，在法律的精神、原则、规范等框架内，适时地采取指导、劝告、建议等方式谋求行政相对人的同意和配合，有效实现行政执法目的。

⑧ 全面落实行政执法责任制有哪些重要措施？

全面落实行政执法责任制，就是要强化执法责任，进一步规范和监督行政执法活动，提高行政执法水平，确保依法行政各项要求落到实处。

首先，严格确定不同部门及机构、岗位执法人员的执法责任是前提。行政执法责任制是一项综合性的制度，行政机关首先需要对其承担的各项执法职责进行分解，明确相关执法机构、执法岗位和执法人员的执法责任。只有执法责任明确了，才能根据行政执法部门和行政执法人员违反法定义务的不同情形，依法确定其应当承担责任的种类和内容。

其次，建立健全常态化的责任追究机制是关键。追究责任是行政执法责任制得以推行的一个关键环节。如果没有建立常态化的责任追究机制，就难以确保执法过程中某一环节出现问题都能够被及时发现、及时纠正。

最后，要加强执法监督，健全完善的监督机制。通过有权监督主体对行政执法活动是否合法实施有效监督，促进行政执法主体积极纠正违法行为，强化其责任意识，推进行政执法责任制的全面落实。

9 **怎样严格确定执法责任？**

严格确定执法责任，就是要按照有权必有责的要求，全面梳理行政执法依据，在分解执法职权的基础上，严格确定不同部门及机构、岗位执法人员的执法责任。具体包括以下三点：

一是梳理执法依据。严格确定执法责任，首先要梳理行政机关所执行的有关法律法规和规章以及政府部门"三定"规定。地方各级人民政府在贯彻落实《纲要》的过程中要组织好梳理执法依据的工作，对具有行政执法主体资格的部门（包括法律法规授权具有管理公共事务职能的组织）执行的执法依据分类排序、列明目录，做到分类清晰、编排科学。梳理完毕的执法依据，除下发相关执法部门外，还要以适当方式向社会公布。

二是分解执法职权。行政机关应当对执法职权进行分解，明确其内部各执法机构具体的执法职权，划清各执法机构和执法人员的职责边界。要根据执法机构和执法岗位的配置，将其法定职权分解到具体机构和岗位。不得擅自扩大本部门的行政执法权限。分解职权要科学合理，既要避免平行执法机构和执法岗位的职权交叉、重复，又要有利于相互之间的协调配合。不同层级的执法机构和执法岗位之间的职权要相互衔接，做到执法流程清楚、要求具体、期限明确。

三是确定执法责任。执法依据赋予行政执法部门的每一项行政执法职权，既是法定权力，也是必须履行的法定义务。要根据有权必有责的要求，在分解执法职权的基础上，确定不同部门及机构、岗位执法人员的具体执法责任，做到职责分明、责任到人。区别对待领导人员与一般工作人员各自应承担的责任，真正实现权力与责任的统一。切实改变执法岗位不清，职责不明，权力行使过程中相互扯皮、揽功诿过的现象。

⑩ 如何建立常态化的责任追究机制？

落实行政执法责任制，要求建立起常态化的责任追究机制，重点要注意以下几个方面：

一是要全面落实行政执法过错责任追究制度。行政执法过程中，因执法人员故意或者过失，不履行或者不正确履行法定职责，造成行政执法行为违法并产生危害后果或不良影响的，直接责任人员和直接主管人员应当承担行政责任。坚持有错必究、有责必究，方可确保执法过程中任何一个环节出现问题都能够被及时纠正和追究，形成责任追究的常态化、长效化机制。

二是要强化行政问责。通过问责推动行政执法主体敢于担当、主动作为，切实承担起自己的法定职责。要整合问责制度，健全问责机制，坚持有责必问、问责必严。通过有效的问责制度，解决目前一些地方、部门存在的责任意识不浓、落实举措不实，责任"悬空""分流""掺水"等问题。

三是区分违法违纪情形，依法依纪进行。对有违法或者不当行政执法行为的行政执法部门，可以根据造成后果的严重程度或者影响的恶劣程度等具体情况，给予限期整改、通报批评、取消评比先进的资格等处理；对有关行政执法人员，可以根据年度考核情况，或者根据过错形式、危害大小、情节轻重，给予批评教育、离岗培训、调离执法岗位、取消执法资格等处理。对实施违法或者不当的行政执法行为依法依纪应采取组织处理措施的，按照干部管理权限和规定程序办理；依法依纪应当追究政纪责任的，由任免机关、监察机关依法给予行政处分；涉嫌犯罪的，移送司法机关处理。

⑪ 如何加强社会公众对执法活动的监督？

社会公众直接与行政执法机关打交道，合法权益易受侵害，有对执法活动进行监督的积极性。但是，目前我国公众参与执法监督的程度较低，社会的监督作用还没有充分发挥。受传统观念的影响，公众对违法行政行为存在"不敢监督、不愿监督、不善监督"的状况。

为了发挥公众对执法监督的积极作用，《纲要》提出要加快建立统一的行政执法监督网络平台，通过网络平台的建设，规范执法流程、细化执法标准、完善执法制度，实现行政执法监督规范化、信息化、公开化、实时化。要建立健全投诉举报、情况通报等制度，方便公众随时监督、全面监督，发现问题及时举报，促进行政执法权力依法、规范、公开、合理行使。

此外，一些地方和部门还建立了行政执法社会监督员制度。通过聘请行政执法社会监督员，拓宽行政执法的公众监督渠道，有利于动员社会公众力量监督行政执法，增强监督实效，形成监督合力。

📝 **典型事例**

2011年5月5日，甘肃省人民政府向社会聘请了30名行政执法社会监督员。这些监督员都是经省法制办审核把关、省政府研究确定的，既有人大代表、政协委员，又有专家学者、民主党派和无党派人士，还有企业家。行政执法社会监督员积极参与执法案卷评查、专项执法检查、依法行政评议考核等活动，全面、准确了解行政执法基本情况，客观、公正地指出问题，有效发挥行政执法监督作用，促进行政执法机关提升执法水平。

⑫ 《纲要》对加强执法监督有什么要求？

一是坚决排除对执法活动的非法干预。行政执法是否公正，不仅影响国家法律法规的执行，而且影响政府的权威和声誉。执法人员要严格依法办事，而不是看人情办事、看态度办事，更不能以情代法、以权压法。现实中，非法干预执法活动的事例并不少见。一些行政机关和执法人员迫于上级机关或领导的压力，不敢依法办事。还有一些执法人员，受亲朋好友的请托，办人情案、执人情法。因此，《纲要》提出，加强执法监督就要坚决排除对执法活动的非法干预。

二是防止和克服执法中的部门利益和地方保护主义。执法者是公共利益的代表，执法活动不应当掺杂任何个人利益、地方或部门利益的考虑。在执法中搞部门利益和地方保护主义，就是把

2014 年 7 月，福建省福清市执法监察人员在一都镇卫生院核查基本药物零差价政策落实情况。

新华社　张国俊／摄

部门利益和地方利益凌驾于国家法律法规之上，置国家法律尊严和人民根本利益于不顾，应坚决防止和克服。

三是防止和克服执法工作中的利益驱动。不受监督的权力是滋生腐败的温床。执法人员私欲膨胀、执法渔利，损公肥私、贪赃枉法的行为不断出现。执法中"公了重罚，私了轻罚""要票多罚，不要票少罚"等潜规则盛行，公正执法荡然无存。加强执法监督就要坚决防止和克服执法工作中的利益驱动。

⑬　对行政执法人员的资格有哪些要求？

执法队伍尤其是一线执法人员的职业素质如何，直接决定着行政执法的质量，关系到群众利益，关系到政府形象。目前，我国基层执法力量薄弱，基层执法人员政治素质、业务水平不高，已经成为制约严格规范公正文明执法的短板。因此，要健全行政执法人员管理制度，在执法队伍管理和人员配备使用上，坚持高标准、严要求。

《行政处罚法》规定了执法人员持证上岗、亮证执法制度。一些地方和部门严格执法人员资格管理，把好"入门关"。但实践中，也有一些地方和部门还是存在执法人员无证上岗、兼职执法人员比重较大、执法人员证件管理混乱等问题。因此，要根据《纲要》的相关要求，对行政执法人员进行一次严格清理，从事行政执法工作的人员必须要通过执法资格考试合格后，方可授予执法资格，持证上岗。未经执法资格考试合格的，不得从事执法活动。

📖 | 相关链接 |

《行政处罚法》第三十四条：执法人员当场作出行政处罚决定的，应当向当事人出示执法身份证件，填写预定格式、编有号码的行政处罚决定书。

第三十七条：行政机关在调查或者进行检查时，执法人员不得少于两人，并应当向当事人或者有关人员出示证件。

《国务院办公厅关于推行行政执法责任制的若干意见》指出：对各行政执法部门的执法人员，要结合其任职岗位的具体职权进行上岗培训；经考试考核合格具备行政执法资格的，方可按照有关规定发放行政执法证件。

14 **如何加强行政执法人员的纪律约束和职业道德教育？**

在执法实践中，执法人员不依法办事、不严格执法与其政治素养不高、职业道德教育欠缺、缺乏必要的纪律约束机制有关。《纲要》提出要健全纪律约束机制，加强职业道德教育，全面提高执法人员的素质，主要包括五个方面的内容：

一是要把思想政治建设摆在首位。对执法人员加强中国特色社会主义信念教育，突出全心全意为人民服务的宗旨教育，深入开展社会主义核心价值观和社会主义法治理念教育，坚持党的事业、人民利益、宪法法律至上。

二是要纠正错误的思想认识。行政执法人员要树立全心全意为人民服务的宗旨意识，摒弃官本位和特权思想。行政执法人员要正确对待自己与行政相对人的关系，正确认识手中的权力来源，坚决反对以权压人的错误用权观念。

三是要加强纪律约束机制。执法是把纸面上的法律变为现实生活中活的法律的关键环节。执法人员必须忠于法律、捍卫法律，严格执法、敢于担当，要坚决抵制以权谋私的不正当思想，加强纪律教育和纪律约束，自觉遵守廉洁自律规范准则。要加强执纪问责，对行政执法进行多方位的监督和检查，特别要加大对重点领域和重点岗位的监督，加强常态化监督，对发现的问题严格追究责任。

四是要规范职业道德教育。行政执法人员的职业道德教育要有针对性，方式要灵活、有效，充分运用心理学、逻辑学、哲学等理论和方法，注重理论与实践相结合，总结正反两方面典型例子进行教育。通过制度化、系统化的职业道德教育提升执法人员的政治素养。

五是要重视党员领导干部的示范作用。古语有云："其身正，不令而行。其身不正，虽令不从。"党员领导干部要充分发挥带头模范作用，加强对政治思想、业务理论的学习，提高自身修养和业务水平，用自己尽职守法的言行为行政执法人员树立良好的榜样。

📖 | **延伸阅读** |

《中国共产党廉洁自律准则》（2015年10月21日印发，自2016年1月1日起施行）

中共中央组织部、人力资源社会保障部、国家公务员局《关于推进公务员职业道德建设工程的意见》（人社部发〔2016〕54号）

⑮　如何对行政执法人员开展平时考核？

对行政执法人员进行平时考核是评价行政执法工作情况、检验行政执法部门和行政执法人员是否正确行使执法职权和全面履行法定义务的重要机制。《纲要》要求，"逐步推行行政执法人员平时考核制度，科学合理设计考核指标体系"。

具体而言，考核主体要结合不同部门、不同岗位的具体情况和特点，制定考核方案，明确考核的具体标准。考核内容主要是行政执法部门和行政执法人员行使行政执法职权和履行法定义务的情况，包括行政执法的主体资格是否符合规定，行政执法行为是否符合执法权限，适用执法依据是否规范，行政执法程序是否合法，行政执法决定的内容是否合法、适当，行政执法决定的行政复议和行政诉讼结果，案卷质量情况等。

考核方式可以采取组织考评、个人自我考评、互查互评相结合的方法，做到日常评议考核与年度评议考核的有机衔接。要将考核结果作为执法人员职务级别调整、交流轮岗、教育培训、奖励惩戒的重要依据，引导执法人员自觉履行法定职责、严格规范公正文明执法。

相关链接

《公务员法》第三十四条：公务员的考核分为平时考核和定期考核。定期考核以平时考核为基础。

《党政领导干部选拔任用工作条例》第二十三条：确定考察对象，应当根据工作需要和干部德才条件，将民主推荐与平时考核、年度考核、一贯表现和人岗相适等情况综合考虑，充分酝酿，防止把推荐票等同于选举票、简单以推荐票取人。

16 如何加强行政执法保障？

加强行政执法保障，需要从行政执法人员、机构队伍以及物质条件等方面入手。

第一，要加强法制宣传，提高全社会的法治意识。要进一步加强全社会的法治意识教育，使人民群众切实了解法律是自己根本利益和长远利益的体现，执行法律是对自己权益的保障，使他们能自觉尊重和支持执法人员的执法活动。因此，对于那些出于个人或团体私利，破坏行政执法行为、妨碍行政机关正常工作秩序、阻碍行政执法人员依法履行职责的违法行为，要坚决依法予以处置，有效维护良好的执法环境，为行政执法人员严格规范公正文明执法提供有利条件。

第二，各级党政机关和领导干部要支持行政执法机关依法公正行使职权。对执法机关严格执法，只要符合法律和程序的，各级党委和政府都要给予支持和保护，不要认为执法机关给自己找了麻烦，也不应顾虑会给自己的形象和政绩带来什么不利影响。党政领导干部也要支持执法人员严格执法，不能对执法活动进行非法干预。党政领导干部要严格在宪法和法律规定的范围内活动，正确使用党和人民赋予的权力，坚持依法行政、支持依法行政，不让行政执法人员做不符合法律规定的事情。坚决克服以言代法、以权压法问题，杜绝对执法人员乱下命令、乱指挥。

第三，要完善行政执法的经费保障机制。一方面，要落实、加强行政执法经费财政保障，从源头上解决执法经费不足、杜绝执法机关和执法人员受利益驱动进行执法。《纲要》明确提出："行政机关履行执法职责所需经费，由各级政府纳入本级政府预算，保证执法经费足额拨付。"县级以上地方各级人民政府要建立责任明确、管理规范、投入稳定的经费保障机制，保证执法经费的足额拨付。另一方面，行政执法机关要严格落实罚缴分离制度，严格执行收支两条线管理制度，将罚没收入全额上缴国库，纳入预算管理。根据《纲要》的规定，对下达或者变相下达罚没指标、违反罚缴分离的规定以及将行政事业性收费、罚没收入与行政执法机关业务经费、工作人员福利待遇挂钩的，要依法对直接负责的主管人员和其他直接责任人员给予处分。各级财政部门应当健全监督检查制度，加强对行政执法经费使用的监管。

第四，要改善执法条件。在很多地区特别是基层地区，行政执法部门的办公条件和基础设施条件普遍较差，难以适应日益繁重的执法任务需要，直接影响了执法工作的开展和执法质量的提高。要进一步改善执法条件，有针对性地逐年安排资金，加大执法装备配备、基础设施方面的投入，为案件处理、现场勘验、调查取证等执法活动提供必需的保障。

📺 | 相关链接 |

《行政处罚法》第四十六条：

作出罚款决定的行政机关应当与收缴罚款的机构分离。

除依照本法第四十七条、第四十八条的规定当场收缴的罚款外，作出行政处罚决定的行政机关及其执法人员不得自行收缴罚款。

当事人应当自收到行政处罚决定书之日起十五日内，到指定的银行缴纳罚款。银行应当收受罚款，并将罚款直接上缴国库。

《罚款决定与罚款收缴分离实施办法》第三条：

作出罚款决定的行政机关应当与收缴罚款的机构分离；但是，依照行政处罚法的规定可以当场收缴罚款的除外。

第六章

强化对行政权力的制约和监督

　　强化对行政权力的制约和监督，促使行政机关真正按照人民意志管理公共事务，真正做到于法有据、依法行使、受法制约，确保行政权力不越位、不错位、不缺位，既是有效地保障公民基本权利的客观需要，也是坚持社会主义国家人民主体地位的必然要求，更是全面推进依法治国的重要环节。为此，《纲要》明确了强化行政权力制约和监督的目标和措施，提出了具体要求和改革方向。

1 **为什么要扎紧规范行政权力运行的"制度笼子"?**

随着社会主义民主政治建设的深入发展，我国行政权力的结构和运行机制也日益健全和成熟。但是在一些具体方面还存在与经济社会发展不相适应的地方：一是行政权力的配置结构不尽科学，决策权、执行权和监督权之间没有形成相互制约、相互协调的关系。有的部门和岗位权力过大，随意性较大；权力过分集中于"一把手"等少数人手中，权力边界不够清晰。二是行政权力的运行过程不够公开透明，暗箱操作和"潜规则"问题在一些部门和地方还比较突出，同时监督行政权力的权威性和时效性还有待增强，各种监督手段还没有形成合力。三是有关行政权力行使的制度还不够健全，存在"牛栏关猫"的现象，对行政权力的行使还没有形成有力、有效的制约和监督。因此，必须构建决策科学、执行坚决、监督有力的行政权力运行体系，加强党内监督、民主监督、法律监督和舆论监督，整合各方面监督力量，保证行政权力行使到哪里，监督就跟进到哪里。

起草法律法规规章和规范性文件，要规范各级政府部门的职责权限，做到定位准确、边界清晰、权责一致、各司其职、各负其责，依照法定权限和程序行使行政权力。要遵循减少层次、优化流程、提高效能、方便办事的原则，全面规范并公开行政权力运行流程，促使显性权力规范化，隐性权力公开化。

起草法律法规规章和规范性文件，要着重健全防控廉政风险制度，针对重点对象、重点领域和关键环节，逐步建立风险预警、纠错整改、内外监督、考核评价和责任追究机制，形成一整套行之有效的廉政风险防控体系。同时，要健全防止利益冲突的制度，进一步完善市场机制，着力解决公共资源配置、公共资产交易、公共产品生产等领域的利益冲突问题；进一步完善并严格执行行政机关工作人员行为限制和领导干部亲属经商、担任公职和社会组织职务、出国定居等相关制度，防止行政机关工作人员利用自身权力或者影响为亲属和特定关系人谋取私利。

❷ 加强政府诚信建设需要做哪些工作？

政府诚信是全社会诚实守信的重要基础，各级政府要成为诚实守信的示范者。《纲要》提出："发挥政府诚信建设示范作用，加快政府守信践诺机制建设。加强公务员诚信管理，建立公务员诚信档案。""权为民所用、情为民所系、利为民所谋"，是政府诚信的思想基础。各级政府必须脚踏实地做好工作，讲诚实，守信用，自觉抵制劳民伤财的"形象工程"和"政绩工程"，靠求真务实的作风，在人民群众面前树立良好的诚信形象。

要加强有关政府诚信的法律制度建设，从根本上遏制政府规制无度，违背宪法、法律和上级政令的错误行为，建立决策实施反馈机制，及时发现并解决决策中存在的问题。

另一方面，要加强公务员诚信管理，建立公务员诚信档案。诚信是市场经济和法治社会对所有社会主体的要求。公务员履行公务职责，掌握国家公权力应当坚持诚信理念，按照诚信原则办事。为此，要完善行政监督机制，加强和完善民主监督、舆论监督，进一步完善行政问责制度。同时，还要建立诚信政府及诚信公务员的奖惩机制。

2016年2月，河北省文安县办事群众通过该县政务服务中心服务大厅大屏幕查询办理业务的进展情况。

新华社 李晓果／摄

要细化行政机关工作人员的责权、录用、考核、晋升和奖惩标准，建立岗位责任制、服务承诺制、首问责任制、限时办结制、过错追究制等制度。

③ 行政机关要自觉接受哪些监督？

《纲要》要求，行政机关自觉接受党内监督、人大监督、民主监督、司法监督。

一是党内监督。中国共产党党内监督主要是各级党组织对行政机关及其工作人员贯彻执行党的重大路线方针政策和重大战略举措的情况、行政权力的运行情况以及党员领导干部廉洁从政情况等进行监督。《中国共产党党内监督条例（试行）》《中国共产党纪律处分条例》《中国共产党巡视工作条例》《中国共产党廉洁自律准则》《中国共产党问责条例》等为实施党内监督提供了充分的党内法规依据。

二是人大监督。人大监督是促使行政机关及其工作人员依法行使权力的重要保证。《各级人民代表大会常务委员会监督法》规定，各级人大常委会有权听取和审议本级人民政府专项工作报告；审查和批准决算，听取和审议国民经济和社会发展计划、预算的执行情况报告，听取和审议审计工作报告；对法律法规的实施情况进行检查；对规范性文件进行备案审查；进行询问和质询；开展特定问题调查；审议和决定撤职案等。政府要依法及时报备行政法规、规章制度。此外，各级政府还要认真办理人大代表提出的意见建议，切实改进工作。

三是民主监督。人民政协是社会主义协商民主的重要渠道和专门协商机构，是国家治理体系的重要组成部分，也是民主监督的重要形式。根据《中共中央关于加强人民政协工作的意见》《中共中央关于加强社会主义协商民主建设的意见》《中共中央办公厅关于加强人民政协协商民主建设的实施意见》等的规定，人民政协通过听取政府工作报告、讨论经济社会发展的方针政策和各项重要工作、视察政府工作、对政府工作提出意见和建议等方式对行政权力运行和政府工作进行民主监督。各级政府及其部门要自觉接受各级政协的民主监督，虚心听取意见和建议，定期向本级政协通报情况，为政协委员履行参政议政职责提供便利、创造条件。

四是司法监督。司法监督主要是指各级人民法院通过审理行政诉讼案件、解决行政争议、监督行政机关依法行使职权；人民检察院对履行职责中发现的行政违法行为进行监督。各级政府及其部门要支持人民法院、人民检察院独立公正地行使审判权和检察权，接受人民法院、人民检察院依法实施的监督，支持人民法院依法受理行政案件，做好行政应诉工作，按规定向人民法院提交作出具体行政行为的依据、证据和其他相关材料；对重大行政诉讼案件，行政机关负责人要主动出庭应诉；尊重并自觉执行人民法院的生效判决、裁定，认真对待人民检察院的检察建议；支持查处行政机关及其工作人员失职渎职、滥用职权等行为。

4 如何加强行政监督？

行政监督是党和国家监督体系的重要组成部分，是推进依法治国、建设法治政府的重要手段。

一是要加强政府内部层级监督。政府内部层级监督是指依据组织关系和行政隶属关系，由上级行政机关对下级行政机关、行政机关对其职能部门所实施的监督。它包括对行政机关及其工作人员制定法规规章以及规范性文件等抽象行政行为，实施行政处罚、行政许可、行政征收、行政征用、行政给付、行政确认、行政奖励、行政裁决、行政强制等具体行政行为，以及财政资金管理和使用情况，人事任免、内部管理行为，廉政勤政等行为实施的全方位监督，也包括对行政行为事前、事中、事后的全过程监督。

完善政府内部层级监督，要做到日常监督与专项监督相结合、主动监督与受理举报投诉监督相结合、定期督导与突击检查相结合，从而保证监督频率和覆盖范围，增强监督实效。实践

2015 年 7 月，佛山市禅城区区长在一起工伤认定行政案件中出庭应诉，该市多名领导干部观摩庭审。

广东省佛山市禅城区政府法制办供图

中，一些地方和部门积极探索政府内部层级监督的新形式，改进上级机关对下级机关的监督，建立常态化的监督制度。一些地方由政府负责人牵头，有关职能部门参加，定期交流监督情况，总结监督经验，研究处理意见，进一步完善监督网络，形成监督合力。

上级行政机关通过办理行政复议案件、行政问责等多种方式主动开展监督工作，对在监督中发现的问题及时开展综合分析工作，发现共性问题、分析产生原因、提出解决办法。同时，建立和完善网上审批系统、网上执法反馈系统、网上公共服务系统、网上公共资源交易系统、网上监督系统，实现实时行政电子监察和督查督办。

二是加强行政监察。行政监察是指各级行政监察机关依法对行政机关的行政行为、行政机关工作人员以及由国家行政机关任命的国有企业事业单位领导干部的职务行为以及相关的个人行为所实施的监督、检查和纠正的活动。各级政府及其部门要自觉接受监察机关的监督。对在行政监察中发现的问题，要认真整改并向有关部门及时报告。

加强行政监察工作，首要的是加强反腐倡廉建设。要以更大的决心和力度反对腐败，建立健全惩治和预防腐败体系。要高度重视查办案件工作，坚持有案必查、有腐必惩。要加强反腐倡廉教育，深化重点领域和关键环节改革，健全权力运行制约和监督体系，健全反腐败法律制度，推进行政权力运行公开化、规范化，更加科学有效地防治腐败。

三是加强法规规章备案。根据《法规规章备案条例》的规定，国务院部门，省、自治区、直辖市和较大的市的人民政府应当依法履行规章备案职责，加强对规章备案工作的组织领导。国务院部门法制机构，省、自治区、直辖市人民政府和较大的市的人民政府法制机构，具体负责本部门、本地方的规章备案工作。

⑤ 如何加强对政府内部权力的制约？

《纲要》要求，加强对政府内部权力的制约，强化内部流程控制，防止权力滥用。实践证明，滥用行政权力与政府部门拥有的权力大小、直接干预微观经济的程度密切相关。那些掌握大量公共资源和稀缺资源、行政权力干预较深的领域，往往会产生较多的腐败现象。要从根本上解决这些问题，首先要优化政府机构设置和职能配置，按照健全行政权力结构的要求，在行政权力过分集中的关键部门和重点岗位，推行决策权、执行权、监督权的适度分解与有效制衡，形成相互协调、相互制约的权力体系。这对加强行政权力的制约和监督，十分必要。

大力推进分事行权，就是将少数人掌握的权力科学分解到多个成员，彻底改变一个人说了算的权力结构，探索"一把手"不直接分管行政许可、财务管理和工程招标等工作，推动管理决策和资源配置的规范化。大力推进分岗设权，就是将重点岗位的权力科学分解到多个岗位，在权力设置上改变"令出一人""权出一门"的缺陷。大力推进分级授权，就是将集中于某一层级的行政权力分解到多个层级，改变"上层权力臃肿、基层无权行使"的现象。

📖 ｜**相关链接**｜

> 《中共中央关于全面推进依法治国若干重大问题的决定》指出：加强对政府内部权力的制约，是强化对行政权力制约的重点。对财政资金分配使用、国有资产监管、政府投资、政府采购、公共资源转让、公共工程建设等权力集中的部门和岗位实行分事行权、分岗设权、分级授权，定期轮岗，强化内部流程控制，防止权力滥用。

⑥ 如何完善审计监督？

《纲要》提出，基本形成与国家治理体系和治理能力现代化相适应的审计监督机制。具体来说，要从以下方面完善审计监督：

一是健全有利于依法独立行使审计监督权的审计管理体制。按照党的十八届四中全会《决定》要求，要在现行地方审计机关双重管理体制下，进一步强化上级审计机关的组织领导和业务领导，在审计计划、组织实施、结果报告、队伍建设、经费保障等方面实行统一管理，切实整合审计监督资源。地方各级政府主要负责人要支持审计机关工作，定期听取审计工作汇报，及时研究解决审计工作中遇到的突出问题，把审计结果作为相关决策的重要依据。

二是建立具有审计职业特点的审计人员管理制度。要推进审计监督职业化建设，完善符合审计工作职业特点的审计人员管理制度，建立审计人员任职资格管理和职业保障制度，完善审计职业教育培训体系，有计划地提高审计人员的专业化素质和职业胜任能力。

三是实行审计全覆盖。《纲要》要求："对公共资金、国有资产、国有资源和领导干部履行经济责任情况实行审计全覆盖。"审计全覆盖的要求包括根据审计线索进行深入检查，围绕中心工作确定审计监督的重点领域，也包括具体问题具体分析，有步骤、有计划地统筹推进，对重点对象可以每年审计一次，其他对象争取若干年审计一次。凡是涉及管理、分配、使用公共资金、国有资产、国有资源的部门、单位和个人，都要自觉接受审计、配合审计，不得设置障碍。

四是强化上级审计机关对下级审计机关的领导。加强审计机关干部管理，任免省级审计机关正职，要事先征得审计署党组同意；任免省级审计机关副职，要事先征求审计署党组的意见。上级审计机关要加强审计项目计划的统筹和管理，合理配置审计资源，省级审计机关年度审计项目计划要报审计署备案。上级审计机关要根据本地区经济社会发展实际需要，统筹组织本地区审计机关力量，开展好涉及全局的重大项目审计。健全重大事项报告制度，审计机关的重大事项和审计结果必须向上级审计机关报告，同时抄报同级党委和政府。上级审计机关要加强对下级审计机关的考核。

❼ 如何畅通社会监督渠道？

行政权力是人民赋予的，必须受到人民群众的监督。行政机关及其工作人员要对权力、对人民常怀敬畏之心，习惯于在"放大镜"和"聚光灯"下行使权力，自觉接受来自各方面的监督，真诚欢迎来自各方面的批评意见和建议。从一定意义上说，行政权力的运行过程也是政府与社会的互动过程。只有当社会公众与政府之间建立起一种良性的参与机制，社会公众才可能在最大程度上感受和认同政府的公信力。要创造条件、拓宽渠道方便人民群众监督，坚决消除各种人为障碍，严肃惩处打击报复行为。

社会监督是指广大人民群众对各级行政机关及其工作人员制定和执行各项制度、法规规章以及行政执法活动进行的批评、举报和反映意见等。这是宪法赋予人民的一项重要权利。从各部门、各地区的规章制度和实践经验来看，投诉举报人可以通过来信、来访、电话和网络等方式进行举报。

加强群众监督，要进一步拓宽监督渠道。设立专用举报电话、电子信箱、热线电话等监督手段，将有助于扩大人民群众有序参与公共事务管理，增强人民群众的监督意识和能力。

📺 | 相关链接 |

《宪法》第四十一条：

中华人民共和国公民对于任何国家机关和国家工作人员，有提出批评和建议的权利；对于任何国家机关和国家工作人员的违法失职行为，有向有关国家机关提出申诉、控告或者检举的权利，但是不得捏造或者歪曲事实进行诬告陷害。

对于公民的申诉、控告或者检举，有关国家机关必须查清事实，负责处理。任何人不得压制和打击报复。

⑧ 如何充分发挥舆论监督的作用？

舆论监督是在党的领导下，通过新闻报道进行的监督。其实质是人民群众通过新闻媒体对行政权力运行过程等公共事务实施的监督，是人民群众行使社会主义民主权利、参政议政的重要形式和途径。

第一，要发挥新闻媒体的舆论监督作用。各级行政机关要为舆论监督创造良好环境。对社会关注的法律法规和重大行政举措等应当向社会公开的其他信息，要通过新闻发布会、记者招待会、新闻通稿、政府公报等形式向新闻媒体及时发布相关信息。

要与新闻媒体建立沟通联络机制，定期或者不定期地举办座谈会、研讨会，交流意见、沟通信息；对于新闻媒体反映的意见和建议，要及时研究处理，改进工作；对于新闻媒体报道中反映的行政机关工作中存在的问题，以及行政机关工作人员违法违纪行为，要及时调查、核实。查证属实的，要依法采取有效措施进行处理，并及时反馈处理结果。

第二，要坚持舆论监督的正确导向。舆论监督要围绕中心、服务大局，坚持把体现党的主张与反映人民群众的心声统一起来，把坚持正确导向与通达社情民意统一起来，把正面宣传为主与加强和改进舆论监督统一起来，紧紧围绕党和政府高度重视、人民群众反映强烈的突出问题，推动解决人民群众最关心最直接最现实的利益问题。舆论监督不能为了曝光而曝光，不能把舆论监督报道当作扩大发行量、提高收听收视率的营利手段。要加强机制和制度建设，建立舆论监督的长效机制，使舆论监督工作逐步走上制度化、规范化的轨道。

第三，要重视运用和规范网络监督。当前，随着互联网特别是移动互联网的快速发展，以及微博、微信的广泛应用，网络舆论监督在社会生活中发挥着越来越重要的作用，日益成为社会公众传递信息、参与社会事务管理的重要渠道。要高度重视运用和规范互联网监督，建立网络舆情收集、研究整理、处置机制，对反映行政机关及其工作人员违法违纪的问题，要及时调查处理；对反映失实的要及时澄清；对诬告陷害的要追究责任；对制造和传播网络谣言的要依法严厉打击。

⑨ 如何理解政务公开中的"五公开"？

《纲要》提出："坚持以公开为常态、不公开为例外原则，推进决策公开、执行公开、管理公开、服务公开、结果公开。"贯彻落实这一重大部署，将对深入推进依法行政、加快法治政府建设发挥重大作用。

一是推进决策公开，就是把公众参与、专家论证、风险评估、合法性审查、集体讨论决定确定为重大行政决策的法定程序。实行重大决策预公开制度，涉及群众切身利益、需要社会广泛知晓的重要改革方案、重大政策措施、重点工程项目，除依法应当保密的外，在决策前应当向社会公布决策草案、决策依据，通过听证座谈、调查研究、咨询协商、媒体沟通等方式广泛听取公众意见，以适当方式公布意见收集和采纳情况。探索利益相关方、公众、专家、媒体等列席政府有关会议制度，增强决策透明度。决策作出后，按照规定及时公开议定事项和相关文件。

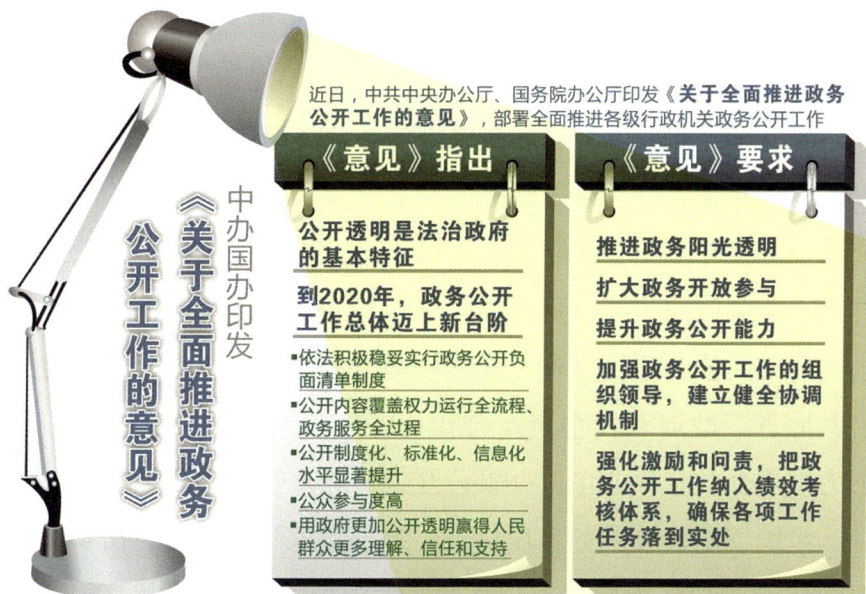

中办国办印发《关于全面推进政务公开工作的意见》

近日，中共中央办公厅、国务院办公厅印发《关于全面推进政务公开工作的意见》，部署全面推进各级行政机关政务公开工作

《意见》指出

公开透明是法治政府的基本特征

到2020年，政务公开工作总体迈上新台阶

- 依法积极稳妥实行政务公开负面清单制度
- 公开内容覆盖权力运行全流程、政务服务全过程
- 公开制度化、标准化、信息化水平显著提升
- 公众参与度高
- 用政府更加公开透明赢得人民群众更多理解、信任和支持

《意见》要求

推进政务阳光透明

扩大政务开放参与

提升政务公开能力

加强政务公开工作的组织领导，建立健全协调机制

强化激励和问责，把政务公开工作纳入绩效考核体系，确保各项工作任务落到实处

2016 年 2 月 17 日，中办、国办印发《关于全面推进政务公开工作的意见》。 新华社 秦迎 / 作

　　二是推进执行公开，就是主动公开重点改革任务、重要政策、重大工程项目的执行措施、实施步骤、责任分工、监督方式，根据工作进展公布取得成效、后续举措，听取公众意见建议，加强和改进工作，确保执行到位。各级政府及部门都要做好督查和审计发现问题及整改落实情况的公开，对不作为、慢作为、乱作为的问责情况也要向社会公开，增强抓落实的执行力。

　　三是推进管理公开，就是要全面推行权力清单、责任清单、负面清单公开工作，建立健全清单动态调整公开机制。推进监管情况公开就是要重点公开安全生产、生态环境、卫生防疫、食品药品、保障性住房、质量价格、国土资源、社会信用、交通运输、旅游市场、国有企业运营、公共资源交易等监管信息。公开民生资金等分配使用情况，重点围绕实施精准扶贫、精准脱贫，加大扶贫对象、扶贫资金分配、扶贫资金使用等信息公开力度，接受社会监督。

四是推进服务公开，就是要把实体政务服务中心与网上办事大厅结合起来，推动政务服务向网上办理延伸。各地区各部门要全面公开服务事项，编制发布办事指南，简化优化办事流程，让群众不跑冤枉路，办事更明白、更舒心。公布行政审批中介服务事项清单，公开项目名称、设置依据、服务时限。推行政府购买公共服务、政府和社会资本合作（PPP）提供公共服务的公开。大力推进公共企事业单位办事公开，行业主管部门要加强分类指导，组织编制公开服务事项目录，制定完善具体办法，切实承担组织协调、监督指导职责。通过最大限度方便企业和群众办事，打通政府联系服务群众"最后一公里"。

五是推进结果公开，就是要主动公开重大决策、重要政策落实情况，加大对党中央、国务院决策部署贯彻落实结果的公开力度。推进发展规划、政府工作报告、政府决定事项落实情况的公开，重点公开发展目标、改革任务、民生举措等方面事项。建立健全重大决策跟踪反馈和评估制度，注重运用第三方评估、专业机构鉴定、社情民意调查等多种方式，科学评价政策落实效果，增强结果公开的可信度，以工作实绩取信于民。

⑩ 政府信息公开主要包括哪些内容？

《纲要》要求："拓宽政府信息公开渠道，进一步明确政府信息公开范围和内容。"政府信息公开是各级政府对社会公众应尽的义务。各级政府都要将政府信息公开作为常态化的工作。凡是不涉及国家秘密、商业秘密和个人隐私的政府信息，都要主动、及时地向社会公开。政府工作人员也要克服畏难情绪、观望心理、轻视思想和敷衍态度，提高行政权力运行的透明度，把执政为民的要求落实到本职工作中。

完善政府信息公开制度，要注重将政府信息公开的实践成果上升为制度规范，对不适应形势要求的规定及时予以调整清理。修订政府信息公开条例，完善主动公开、依申请公开信息等规定，推动相关部门解决行政行为不规范等问题。建立健全政府信息公开的内容、流程、平台、时限等相关标准。推进政务服务中心标准化建设，统一名称标识、进驻部门、办理事项、管理服务等。制定政府网站发展指引，明确功能定位、栏目设置、内容保障等要求。

首先要全面推行政府权力清单制度。全面推行权力清单制度，将进一步促使行政权力"瘦身"，市场主体"法无禁止皆可为"，行政机关"法无授权不可为"，彻底封堵权力寻租的"灰色空间"。各级政府及部门要依据权力清单，向社会全面公开政府职能、法律依据、实施主体、职责权限、管理流程、监督方式等事项。按照《纲要》要求，认真审核确认本级政府行使的权力，该调整的调整，该削减的削减，该限制的限制，该下放的下放；对超越法律法规授权范围的行政权力坚决取消，对保留的事项要全部向社会公开。

其次要探索建立政务公开负面清单。国务院各部门和各省、自治区、直辖市政府要依法积极稳妥地制定政务公开负面清单，细化明确不予公开范围，对公开后危及国家安全、经济安全、公共安全、社会稳定等方面的事项纳入负面清单管理，及时进行调整更新。负面清单要详细具体，便于检查监督，负面清单外的事项原则上都要依法依规予以公开。健全公开前保密审查机制，规范保密审查程序，妥善处理好政务公开与保守秘密之间的关系，对依法应当保密的，要切实做好保密工作。

各级行政机关对涉及公民、法人和其他组织权利和义务的规范性文件，都要按照政府信息公开要求和程序予以公布。规范性文件清理结果要向社会公开。

加强突发事件、公共安全、重大疫情等信息发布，负责处置的地方和部门是信息发布第一责任人，要快速反应、及时发声，根据处置进展动态发布信息。

《纲要》要求，重点推进财政预算、公共资源配置、重大建设项目批准和实施、社会公益事业建设等领域的政府信息公开。

⑪ 政务公开有哪些创新方式？

为提高政务公开信息化、集中化水平，《纲要》提出，要加强互联网政务信息数据服务平台和便民服务平台建设。

一是要加强互联网政务信息数据服务平台和便民服务平台建设，推进政府数据开放。按照促进大数据发展行动纲要的要求，实施政府数据资源清单管理，加快建设国家政府数据统一开放平台，制定开放目录和数据采集标准，稳步推进政府数据共享开放。优先推动民生保障、公共服务和市场监管等领域的政府数据向社会有序开放。制定实施稳步推进公共信息资源开放的政策意见。支持鼓励社会力量充分开发利用政府数据资源，推动开展众创、众包、众扶、众筹，为大众创业、万众创新提供条件。

　　二是要强化政府门户网站信息公开第一平台作用，整合政府网站信息资源，加强各级政府网站之间的协调联动，强化与中央和地方主要新闻媒体、主要新闻网站、重点商业网站之间的联动，充分运用新媒体手段拓宽信息传播渠道，完善功能，健全制度，加强内容和技术保障，将政府网站打造成更加全面的信息公开平台、更加权威的政策发布解读和舆论引导平台、更加及时的回应关切和便民服务平台。政府门户网站要畅通互动渠道，认真倾听网民的意见建议。要把政务公开与行政审批制度改革结合起来，推行网上电子审批、"一个窗口对外"和"一站式"服务，全面提高政府门户网站的公共服务水平。积极运用大数据、云计算、移动互联网等信息技术，提升政务公开信息化、集中化水平。加快推进"互联网＋政务"，构建基于互联网的一体化政务服务体系，通过信息共享、互联互通、业务协同，实行审批和服务事项在线咨询、网上办理、电子监察，做到利企便民。

　　三是要充分发挥媒体作用。要把新闻媒体作为党和政府联系群众的桥梁纽带，运用主要新闻媒体及时发布信息，解读政策，引领社会舆论。安排中央和地方媒体、新闻网站负责人参与重要活动，了解重大决策；畅通采访渠道，积极为媒体采访提供便利。同时也要善于运用新媒体手段。要进一步发挥新闻网站、商业网站以及政务微博、微信、移动客户端等社交网络和即时通信工具的作用，灵活传递政务信息，增强政务公开的社会影响力、舆论引导力和网络传播力，提高宣传引导的针对性和有效性。

12 **如何加强行政问责？**

《纲要》提出，加强行政问责规范化、制度化建设，增强行政问责的针对性和时效性。这一规定的根本目的在于强化行政监督，提高政府的执行力和公信力。有权就有责，权责要对等。只有强化责任追究，才能激发动力，实现压力逐级传导，责任层层落实。

要实行"一案双查"、逐案问责，既要追究当事人的责任，又要追究相关领导的责任。要实行"终身追责"，不受职务和地位变动的影响。要健全行政执法过错责任追究制度和对履行监督职责的再监督制度，确保监督者也受监督，形成监督问责的闭环，真正让纠错问责硬起来。

问责在于纠错，纠错在于预防。纠错问责制的问责不仅着眼于追究责任，更在于通过预防来维护和增进经济社会发展的绩效。在纠错问责的同时，要注重政务信息采集和分析，针对可能发生的问题提出整改建议，督促整改落实。

《纲要》提出："认真落实党风廉政建设责任制，坚持有错必纠、有责必问，对'四风'问题突出、发生顶风违纪问题或者出现区域性、系统性腐败案件的地方、部门和单位，既要追究主体责任、监督责任，又要严肃追究领导责任。"落实这项规定，首先要明确对象。"四风"问题突出、发生顶风违纪问题或者出现区域性、系统性腐败案件的地方、部门和单位的主要领导要承担主体责任。不能用行政机关领导班子的集体责任掩盖个人领导责任。其次要明晰范围。既不能越俎代庖，以纪律检查机构的监督

2016 年 7 月，贵州省高级人民法院、贵州省政府法制办在毕节市召开全省推进行政机关负责人出庭应诉工作现场会。

贵州省政府法制办供图

责任干扰行政机关领导班子的领导职能；也不能缺位失责，以行政机关领导班子的主体责任推卸纪律检查机构的监督责任。最后要细化标准。将隐形责任显性化，使对应的责任落实到条、细化到款，转化成为责任清单，使责任事项和问责情形细致、具体、可操作。

相关链接

《中共中央关于全面推进依法治国若干重大问题的决定》指出，完善纠错问责机制，强化对行政权力运行的制约和监督是依法治国的要求。

《中国共产党问责条例》第三条：

党的问责工作应当坚持的原则：依规依纪、实事求是，失责必问、问责必严，惩前毖后、治病救人，分级负责、层层落实责任。

第四条：

党的问责工作是由党组织按照职责权限，追究在党的建设和党的事业中失职失责党组织和党的领导干部的主体责任、监督责任和领导责任。

问责对象是各级党委（党组）、党的工作部门及其领导成员，各级纪委（纪检组）及其领导成员，重点是主要负责人。

第七章

依法有效化解社会矛盾纠纷

切实维护群众权益、有效化解矛盾纠纷，是新时期我们党治国理政面临的重要课题。建设法治政府，必须建立健全依法有效化解社会矛盾纠纷的各项体制机制制度，运用法律手段、通过法律渠道、依照法律程序维护群众合法权益、化解社会矛盾纠纷，使人民认识到法律是保障自身权利的有力武器，只要是合理合法的诉求，就能通过法律程序得到合理合法的结果，逐步引导群众形成办事依法、遇事找法、解决问题靠法的良好氛围，从而树立法律权威，促进社会和谐。为此，《纲要》提出了依法有效化解社会矛盾纠纷的具体目标和措施。

① **行政机关在预防和化解社会矛盾纠纷中发挥什么作用？**

行政机关站在经济社会管理和民生服务的最前沿、第一线，这既蕴含着预防和化解社会矛盾纠纷的天然优势，也意味着要更加积极地担负起法定职责，充分发挥预防和化解社会矛盾纠纷的重要作用。按照《纲要》和有关法律法规要求，行政机关在预防和化解社会矛盾纠纷中主要发挥以下作用：

一是依法全面履行职责，规范行政权力运行，从源头上预防和减少社会矛盾纠纷的发生。各级行政机关要通过公布权力清单，为行政权力划出边界；通过深化建章立制，为权力运行制定规矩；通过规范行政裁量行为，为执法权力标定刻度；通过强化复议监督，给违法用权亮起红灯；通过整改突出问题，让权力行使接受监督。

二是积极处理行政纠纷以及与行政管理相关的民事纠纷，不把群众挡在门外，不把包袱甩给司法机关。行政机关是多元矛盾纠纷解决机制的重要一环。为此，《纲要》把"行政机关在预防、解决行政争议和民事纠纷中的作用充分发挥"，作为依法有效化解社会矛盾纠纷的重要目标。行政机关预防和化解社会矛盾纠纷，要积极运用行政调解、仲裁、行政裁决、行政复议、信访等多种方式，推动形成各种纠纷解决方式各司其职、运行顺畅、有机衔接、相互协调的多元化纠纷解决机制，形成预防和化解社会矛盾纠纷的严密网络和工作合力。

三是有效调动各种资源尽量减少社会矛盾纠纷的发生。构建

2016年5月，长沙市开福区人民政府行政复议委员会成立会议现场，这是湖南省首家行政复议委员会。

湖南省长沙市开福区政府法制办供图

程序合理、环节完整的协商民主体系，拓宽国家行政机关、政协组织、党派团体、基层组织、社会组织的协商渠道，充分发挥协商民主在群众利益表达和协商沟通中的独特作用；发展基层民主，推进基层协商制度化，建立健全居民、村民监督机制，维护基层群众利益；健全以职工代表大会为基本形式的企事业单位民主管理制度，维护和保障职工民主权利和利益；要建立健全救济救助机制，依法为困难群众提供必要生活保障。

❷ 行政机关如何引导支持公众依法维护自身权益？

法治社会、和谐社会不是没有矛盾纠纷的社会，而是矛盾纠纷发生后能够得到及时依法有效解决的社会。人民群众的法治意识、维权意识不断提高，对公平公正解决矛盾纠纷的期待和要求也越来越高。他们不仅要求解决合法性问题，也要求解决合理性问题；不仅要求解决问题，还要求高效、便捷、低成本地解决问题。《纲要》把"通过法定渠道解决矛盾纠纷的比率大幅提升"，作为依法有效化解社会矛盾纠纷的重要目标，必然要求行政机关引导和支持社会公众依法表达诉求和维护权益。实际上，如何有效引导支持公众依法维护自身权益，已经成为对各级政府治理能力的重大考验。

一是要"打开正门"，保证有关诉求能通过法定渠道得到合理、合法、便捷、低成本地解决，让越来越多的人们愿意诉诸法定渠道解决矛盾纠纷。

二是要"堵住偏门"，坚决杜绝在法定渠道之外解决问题的途径，对那些以反映诉求为名聚集滋事、扰乱秩序等违法行为，决不"花钱买平安"，要按相关法律规定严肃处理，坚决防止形成"大闹大解决、小闹小解决、不闹不解决"的错误导向。

三是要"广开窗口"，就是要与时俱进，创新普法宣传的形式，深入开展普法宣传教育，采用群众喜闻乐见的形式，讲述身边法治故事；运用以案说法等方式，引导群众正确认识权利和实现权利的途径，提高群众尊法、守法、用法的意识，积极引导社会公众在法律框架内理性地达到诉求和维护权益，为建设法治政府构建良好的社会氛围。

▣ | 相关链接 |

> 长沙市针对省、市重大建设项目和棚改项目，快速立案、优先办理，快审快结了涉及全市几十个棚改项目的近500件涉征案件，有效维护了申请人的切身利益，依法化解了城市管理中涉法难题和矛盾隐患。

③ 如何构建社会矛盾预警机制？

构建科学的社会矛盾预警机制，是各级政府及时有效化解社会矛盾的基础。《纲要》要求，"建立健全社会矛盾预警机制"，"及时收集分析热点、敏感、复杂矛盾纠纷信息，加强群体性、突发性事件预警监测"。构建有效的社会矛盾预警机制，主要有以下重点：

一是要运用科学的理论和方法，对引发矛盾冲突的各种因素进行监测，对矛盾发展变化的规律和特点进行分析，对事件将来可能的发展态势进行预测，按照警情等级及时发出警报，以供相关部门采取适当措施及早化解处置。现代信息技术为及时收集分析热点、敏感、复杂矛盾纠纷信息提供了新手段。在社会治安综合治理方面引入大数据分析方法，将极大提升对各类重点地区和人群的精准排查和服务管理，进一步提高社会矛盾预警机制的有效性。

二是要建立多层次、全覆盖的社会矛盾纠纷信息网络系统，将工作触角延伸到各领域、各行业，及时、准确掌握社会矛盾和不安定因素的动态。特别是要对事件多发单位和群体进行监测，对涉及群众切身利益如食品药品安全、安全生产、生态环境、网络安全、社会安全等方面重点问题，及时分析重大决策出台可能给社会带来的影响，使决策机关及时了解社会情绪和社会心理，努力把矛盾化解在基层，处理在萌芽、初发状态。

典型事例

　　南京市六合区龙池街道构建了由街道司法所牵头协调、综治办、派出所、民政办、妇联等部门负责同志为成员的矛盾纠纷预警机构。建立以综治信息员、治保员、调解员等组成的矛盾纠纷预警工作成员。其主要职责包括及时分析本地区社会治安形势、排查影响社会稳定的突出问题，根据矛盾纠纷特点、性质、发展趋势、可能引发的危害程度，及时预警，提出工作对策，制定化解措施。将矛盾分为一般性矛盾纠纷、较大矛盾纠纷和重大矛盾纠纷，对应不同的处置方式，取得了很好的效果。

4 **如何构建有效的利益表达机制和协商沟通机制？**

　　《纲要》要求，建立健全"利益表达机制、协商沟通机制"。为此，需要从以下几个方面着力：

　　一是建立重大决策公众参与制度。凡涉及群众切身利益的重大决策，都要通过听证、民意调查等多种方式广泛听取群众意见。

　　二是完善人大代表联系群众机制。通过建立健全代表联络机构、网络平台等形式，密切代表同人民群众的联系，听取和反映群众诉求。

　　三是构建程序合理、环节完整的协商民主体系。拓宽国家政权机关、政协组织、党派团体、基层组织、社会组织的协商渠道，充分发挥协商民主在群众利益表达和协商沟通中的独特作用；发展基层民主，推进基层协商制度化，建立健全居民、村民监督机制，维护基层群众利益；健全以职工代表大会为基本形式的企事业单位民主管理制度，维护和保障职工民主权利和利益。

⑤ 怎样建立健全救济救助机制？

《纲要》要求，建立健全救济救助机制。社会救济救助是向低收入家庭提供经济帮助的社会保障制度。在党中央、国务院的高度重视和正确领导下，我国社会救济救助事业发展取得重大成就。但是还存在着城乡发展不够协调，社会救助安全网还没有完全织牢织密，救助方式单一、综合施救手段滞后，以及社会救助能力建设薄弱等问题。下一步建立健全救济救助机制，需要：

一是继续完善有关法律法规体系，增强制度可操作性。2014年2月国务院发布《社会救助暂行办法》，将最低生活保障、特困人员供养、受灾人员救助、医疗救助、教育救助、住房救助、就业救助和临时救助等制度以及社会力量参与作为基本内容，确立了完整清晰的社会救助制度体系。

二是引入社会力量参与救济救助，促进由传统、单一的物质和现金救助，转向物质保障、生活照料、精神慰藉、心理疏导、能力提升和社会融入相结合的综合救助，最大限度拓展社会救助服务内涵。

三是进一步完善救助工作与促进就业、扶贫开发的联动机制，实现"输血式"救助和"造血式"救助相结合，引导有劳动

2014年4月，张家港市行政复议案件听证会在该市永联社区举行。

江苏省张家港市政府法制办供图

能力和劳动条件的困难群众参与就业培训，帮助他们实现生活自立、脱贫解困。

四是推动实现就业、社保、医疗、扶贫、慈善等相关信息的互联互通，形成纵向贯通、横向互联的社会救助信息共享机制。

6 **怎样加强和改进行政复议工作？**

行政复议是指公民、法人或者其他组织不服行政主体作出的具体行政行为，认为行政主体的具体行政行为侵犯了其合法权益，依法向法定的行政复议机关提出复议申请，行政复议机关依法对该具体行政行为进行合法性、适当性审查，并作出行政复议决定。

行政复议既是化解行政争议的重要法定机制，有助于化解社会矛盾，维护群众权益和社会稳定，也是行政机关内部实施层级监督的重要手段，有助于行政机关依法监督和纠正下级行政机关作出的违法或者不当行政行为，促进依法行政。新时期，进一步加强和改进行政复议工作，需要从以下几个方面着力：

一是改革行政复议体制。完善的行政复议体制，是做好行政复议工作的重要保障。目前，我国行政复议管辖实行"条块结合""多头共管"。县级以上政府和政府所属的各有关部门都承担行政复议职责，导致行政复议机构过多。这样既不利于集中行政复议资源、方便群众办事，又在一定程度上导致行政复议工作任务和力量分布不平衡。实践中，有的地方"吃不饱""有人没

2015 年 11 月，黑龙江省全省行政复议应诉人员资格考试正在进行。 **黑龙江省政府法制办供图**

案办"；有的地方则"吃不下""有案没人办"，严重制约了行政复议功能发挥。地方各级人民政府应当在改革行政复议体制、整合行政复议职责方面积极探索，保证行政复议成为解决行政争议的主渠道。

二是加强行政复议机构建设。面对逐渐增多的行政争议，行政复议机构薄弱、人员素质不高、与实际工作需要不相适应的问题日益凸显，难以适应依法履行行政复议职责的需要。县级以上地方人民政府要依法加强行政复议能力建设，根据办案实际需要合理配备、充实行政复议人员，保证复议机构设置、人员配备与所承担的工作任务相适应；要切实提高行政复议人员业务素质，不断提高其履职能力；要落实办案场所和有关装备保障，把行政复议经费列入本级政府预算，保证行政复议工作顺利开展。

三是规范行政复议程序。规范行政复议程序，提高行政复议案件办理质量，是做好行政复议工作的基本要求。具体来说，要改进行政复议审理方式，对重大复杂案件，可以根据需要实地调查取证，根据申请人的请求采取听证方式审理，确保在事实清楚、证据充分的基础上，正确适用法律，公正作出决定；要规范行政复议中的听证程序、和解和调解程序，同时积极探索对案件实行分类处理，根据具体案件特点和办案需要，在法律规定范围内采取多种方式，提高办案效率；要及时公正作出行政复议决定，对违法或者不当的行政行为，该撤销的撤销，该变更的变更，该确认违法的确认违法，增强行政复议的专业性、透明度和公信力。

典型事例

广东省珠海市人民政府 2016 年 4 月 11 日起，将行政复议决定书在网上公开。为规范行政复议决定书网上公开流程，珠海市法制局制定了《行政复议决定书网上公开工作规则》，同时出台《行政复议决定书网上公开技术规范》，网上公开行政复议决定书均采取保密化处理，充分考虑了对当事人的尊重及其隐私的保护。市民可登录市法制局网站查阅案件审查过程及办理结果。推进行政复议决定书网上公开，改变了仅限于当事人知悉案件情况的现状，每一宗行政复议案件的办理结果将直接呈现在社会公众面前，是提升行政复议公信力的有力措施。

7 如何完善行政调解制度？

行政调解是指行政机关（包括法律法规授权的组织）在日常管理和行政执法过程中，对与本机关行政职权有关的各类争议纠纷，通过说服和疏导，促使当事人平等协商、互谅互让，自愿达成调解协议，解决争议纠纷的活动。目前，对多数行政调解尚无专门程序规定，各地做法差异较大。存在的问题主要有对调解的范围认识不一致、调解程序不规范、调解协议的效力不明确等。《纲要》要求："要健全行政调解制度，进一步明确行政调解范围，完善行政调解机制，规范行政调解程序。"下一步，可以从以下三个方面着手完善行政调解制度，保证行政调解工作有章可循、切实发挥作用：

一是关于行政调解的范围。行政调解范围不宜过宽，否则可能模糊公私界限，影响社会自律自治功能发挥作用。行政调解的范围应当主要是与行政职能职责相关的民事纠纷，还包括部分适宜用调解方式解决的行政争议。

二是关于行政调解程序。行政机关调解民事纠纷，既包括在行政管理工作中对附带纠纷加以解决，也包括通过专门的行政性非诉讼程序解决工商、交通、环保、治安等领域的特定民事或者行政纠纷。要在执行法律法规关于行政调解程序规定的基础上，总结实践做法，重点对行政调解的启动条件、启动方式、管辖、受理、组织、回避、实施、调解期限、调解次数、调解人员、调解记录、调解协议、行政调解与其他调解的衔接等关键环节逐步完善。

三是关于行政调解协议的效力。为有效化解行政管理活动中发生的各类矛盾纠纷，人民法院鼓励和支持行政机关依当事人申请或者依职权进行调解、裁决或者依法作出其他处理。对行政机关依法对民事纠纷进行调处后达成的有民事权利义务内容的调解协议，目前认可其法律效力，但尚不认可具有强制执行效力。依照最高人民法院《关于建立健全诉讼与非诉讼相衔接的矛盾纠纷解决机制的若干意见》的有关规定，经调解达成协议后，当事人可以按照《公证法》的规定申请公证机关依法赋予强制执行效力；一方当事人不履行相关义务的，另一方当事人可以依法向有关人民法院申请支付令。

8 **如何健全行政裁决制度？**

行政裁决是指行政机关依法对当事人之间发生的、与行政管理活动密切相关的民事纠纷进行审理并作出裁决的活动。《纲要》要求，健全行政裁决制度，强化行政机关解决同行政管理活动密切相关的民事纠纷功能；有关行政机关依法开展行政裁决工作，及时有效化解矛盾纠纷。

目前，行政裁决制度还存在以下问题：一是法律表述不统一，有时被称为"裁决"，有时被称为"处理"等。二是缺乏严格的程序要求，现行法律法规只有零星规定，没有统一规范。三是缺少专门机构承担此项职能。行政裁决制度需要有关部门和地方不断探索完善。

9 **如何完善仲裁制度？**

仲裁制度是指民商事纠纷当事人达成协议，自愿将争议提交选定的第三者根据一定的程序规则和原则作出裁决，当事人有义务履行裁决的法律制度。仲裁制度是多元化纠纷解决机制的重要组成部分，具有自主性、灵活性、便捷性、保密性和民间性等特点，也是法律服务体系的重要组成部分。对此，《纲要》要求："完善仲裁制度，提高仲裁公信力，充分发挥仲裁解决经济纠纷、化解社会矛盾、促进社会和谐的作用。"

仲裁制度在实践中存在的主要问题有：一是与社会的巨大需求相比，仲裁的作用还没有得到充分发挥。二是各地极不平衡，东中西部差异较大，经济不发达地区许多仲裁机构缺少案源，必须依赖财政拨款才能维持生存。三是行政化、诉讼化倾向仍然比较突出。仲裁机构内部运作和管理模式具有明显的行政化倾向，有的仲裁机构在设置上同行政机关重叠。由于现代仲裁理念还没有完全确立，仲裁从业者经常以诉讼模式作为参照，再加上受到国内仲裁案件司法审查标准的影响，导致仲裁存在明显的诉讼化倾向。

落实《纲要》，要针对民商事仲裁、劳动争议仲裁、人事争议仲裁和农村土地承包仲裁的各自特点和问题，进一步完善相关制度，加强仲裁委员会建设，完善仲裁工作规则和内部管理制度，改进办案机制，提高办案效率和质量，努力建设高素质仲裁队伍，不断提高仲裁公信力。

⑩ 如何加强人民调解工作？

人民调解植根于"息诉止讼"的中国传统文化，被誉为"东方之花""东方经验"。人民调解组织以国家法律和社会道德为依据，通过说服、疏导等非强制性方法，促使当事人在平等协商的基础上自愿达成调解协议、解决矛盾纠纷，具有便捷灵活、成本低廉、易为当事人接受等优势。落实《纲要》要求，完善人民调解制度，主要有以下几个方面：

一是扩大人民调解组织覆盖范围。适应社会矛盾纠纷发展形势，要继续健全人民调解组织网络，推进企事业单位、乡镇街道、社会团体、行业组织中人民调解组织建设，特别是加强基层人民调解组织的建设，逐步消除人民调解组织空白点，扩大人民

2014 年 11 月，合肥市铜陵路街道开展"人民调解进社区"活动。　　　　新华社　杜宇／摄

调解组织覆盖范围，把人民调解工作延伸到社会各个领域。

二是加强重点领域调解力度。消费者权益、劳动关系、医患关系、物业管理等同人民群众生产生活密切相关，这些领域近些年来纠纷频发，有的纠纷得不到及时处理，最终升级为影响社会稳定的恶性事件、舆情焦点事件。充分发挥人民调解的独特优势，加强对这些重点领域的人民调解工作，对于提高社会治理能力、维护相关行业领域正常秩序、维护人民群众合法权益、促进社会和谐稳定具有重要意义。

三是完善"三调联动"工作机制。《纲要》要求："完善人民调解、行政调解、司法调解联动工作体系。"完善"三调联动"工作机制，促进人民调解、行政调解、司法调解衔接协调，有助于整合调解资源、实现优势互补、形成工作合力，有利于充分调动各方面的积极性，提高社会矛盾纠纷调处效率，有利于节约化解矛盾纠纷社会成本。

⑪ 行政机关如何处置复杂矛盾纠纷？

近年来，一些突发公共事件往往造成较大范围的人员和财产损失损害。这些损失损害有的是纯粹自然灾害造成的，也不乏天灾与人祸共同作用导致的情况。有的损失损害原本是当事人之间的民事纠纷，同时又与相关领域的政府管理不规范、不到位等多种因素相互叠加，处置不当极易引起舆情广泛关注，甚至发展成为复杂群体性矛盾纠纷。行政机关要站在事件处置和纠纷解决的第一线，承担起依法化解矛盾纠纷、保护群众合法权益的重要职责，既不推卸职责担当，也不一味求稳，"花钱买平安"。

一是提高行政机关处置复杂矛盾纠纷的能力，行政机关面对复杂矛盾纠纷要善于把握主动权，依法指导、协调有关社会组织和责任人做好赔偿、补偿、救助等工作，引导当事人通过和解等方式化解纠纷，维护社会互信和谐。

二是完善应急预案，借助突发事件应急处理机制，做好责任认定、损失损害调查统计、舆论引导以及教育稳控等工作，为损失损害的有效处置提供有力保证。

三是就损失损害处置方案听取利害关系人的意见，通过多种方式及时发布有关处置工作进度的权威信息，组织回应社会关注的焦点问题，保证处置工作透明度和公众参与度。

四是加强对高风险重点领域的日常监管，引导高风险行业自

主建立应急基金，用于配合政府的应急救援工作，分担公共财政
负担。

12　如何改革信访工作制度？

信访工作制度是中国特色社会主义民主制度的重要内容。依
法处理涉法涉诉信访问题，事关最广大人民群众根本利益，事关
国家法制统一、尊严、权威，事关党的执政地位巩固和国家长治
久安。针对目前实践中的问题，《纲要》对信访工作制度改革作
出了明确规定。

一是把信访纳入法治化轨道，保障合理合法诉求依照法律规
定和程序就能得到合理合法的结果。具体而言，就是以法治为衡
量尺度，检视开展信访工作是否于法有据，解决问题是否依法依
规，群众表达诉求是否依法有序，群众合法权益是否得到依法维
护，保障群众合理合法的诉求依照法律规定和程序得到合理合法
的结果。

二是规范信访工作程序，畅通群众诉求表达、利益协调和权
益保障渠道，维护信访秩序。一方面，要畅通和拓宽诉求表达渠
道。要进一步规范依法处理涉法涉诉信访工作，坚决杜绝一切
"拦卡堵截"正常上访人员的错误做法；坚决杜绝违法限制或变
相限制上访人员人身自由的行为；坚持政法机关领导接待来访群
众和阅批群众来信制度。高度重视新闻媒体反映的涉法涉诉信访
问题和微信、微博客等新媒体中的涉法涉诉信访信息，认真核查
处理，及时作出回应。另一方面，要加强对信访行为的引导。引
导群众正确认识信访权利和实现权益的途径，提高群众尊法、守

2015年10月，福建省宁德市屏南县召开信访事项公开评议听证会。

新华社 林善传/摄

法、用法的意识。对那些以反映诉求为名聚集滋事、扰乱秩序等违法行为，要按相关法律规定严肃处理，坚决防止形成"大闹大解决、小闹小解决、不闹不解决"的错误导向。

三是优化传统信访途径，实行网上受理信访制度，健全及时就地解决群众合理诉求机制。第一，优化民生热线、绿色邮政、视频接访、信访代理等传统信访渠道，构筑网上信访新平台；同时，要推进领导干部定期接访下访和部门联合接访制度化、常态化，整合资源、汇聚力量，推动化解疑难复杂信访问题和信访积案，提高依法解决问题的质量和效率。第二，完善信访政务信息公开制度。全面推行开放、动态、透明、便民的"阳光信访"工作机制。用信息化促进规范化，依托互联网建立全国网上信访信息综合平台，构建"信息网上录入、流程网上管理、活动网上督查、绩效网上考评"的信访工作新模式。同时，探索建立网上受理流转、网下复查办理、网上答复化解的信息化工作机制，逐步形成"就近的来人访、远处的上网视频访、不方便的来信访"的接待受理格局，解决信访渠道单一、狭窄的问题。第三，健全依法及时就地解决群众合理诉求机制，进一步强化属地责任，积极引导群众以理性合法方式逐级表达诉求，不支持、不受理越级上访。第四，制定科学管用的考核评价办法，以推动信访问题及时就地解决为原则，以信访事项及时受理率、按期办结率和群众满意率为考核重点，合理设置考核项目和指标。对督查督办工作原则、方式方法、必经程序做出全面规范，在对未按程序规定或时限要求办结信访事项开展常规性督查的基础上，对群众评价不满意的典型信访个案，进行实地督查；对涉及面广、带有共性的突出问题，实行联合督查；对特别重大、久拖不决的复杂问题，提请列入党委政府督查机构督查范围，严格执行信访工作责任追究制度。

四是严格实行诉访分离，推进通过法定途径分类处理信访投诉请求，引导群众在法治框架内解决矛盾纠纷，完善涉法涉诉信访依法终结制度。实行诉讼与信访分离，有利于维护国家的法律权威和法治生态，有利于积极、稳定、可持续地保障群众合法权益，有利于信访工作的健康有序发展。严格诉访分离制度，改变经常性集中交办、过分依靠行政推动、通过信访启动法律程序的工作方式，把解决涉法涉诉信访问题纳入法治轨道，由司法机关依法按程序处理，依法纠正执法差错，依法保障合法权益，依法维护公正结论，保护合法信访、制止违法闹访，努力实现案结事了、息诉息访，实现维护人民群众合法权益与维护司法权威的统一。

2014 年，中共中央办公厅、国务院办公厅印发的《关于依法处理涉法涉诉信访问题的意见》也提出了具体要求：一是把涉及民商事、行政、刑事等诉讼权利救济的信访事项从普通信访体制中分离出来，由政法机关依法处理；二是建立涉法涉诉信访事项导入司法程序机制；三是严格落实依法按程序办理制度；四是建立涉法涉诉信访依法终结制度；五是健全国家司法救助制度；六是进一步提高执法司法公信力。

第八章

全面提高政府工作人员法治思维和依法行政能力

政府工作人员法治思维水平和依法行政能力，直接决定法治政府建设成败。既要抓住领导干部这个全面依法治国的"关键少数"，也要抓紧普通干部这个"普遍多数"，注重通过用人导向、教育培训、考查测试和法治实践提高法治思维和依法行政能力，使政府工作人员特别是领导干部牢固树立基本法治理念，恪守依法行政基本要求，做尊法学法守法用法的模范，在法治轨道上全面推进政府各项工作。

① 什么是法治思维？

法治思维是指各级领导干部想问题、作决策、办事情都必须以法律为准绳，善于运用法治方式保护和实现人民权益，维护社会公平正义。习近平总书记强调，领导干部都要牢固树立宪法法律至上、法律面前人人平等、权由法定、权依法使等基本法治观念，对各种危害法治、破坏法治、践踏法治的行为要挺身而出、坚决斗争；要牢记法律红线不可逾越、法律底线不可触碰，带头遵守法律、执行法律，带头营造办事依法、遇事找法、解决问题用法、化解矛盾靠法的法治环境；要把对法治的尊崇、对法律的敬畏转化成思维方式和行为方式，做到在法治之下、而不是法治之外、更不是法治之上想问题、作决策、办事情。

过去我们讲"法律思维"较多，那么"法治思维"与"法律思维"有何联系呢？二者的共同之处都是根据法律的思考，以法律规范为逻辑基准进行分析推理判断；二者的区别主要是法律思维更侧重于一种职业化的思维方式，主要为法律职业者所掌握运用，而法治思维更侧重于强调治国理政的思维方式，主要是为执政者或者公权力的执掌者掌握运用，与人治思维相对立，强调权力来源于法律，权力受制于法律，权力与责任相统一，权力要尊重权利。

📺｜相关链接｜

《中共中央关于全面推进依法治国若干重大问题的决定》指出：

提高党员干部法治思维和依法办事能力。党员干部是全面推进依法治国的重要组织者、推动者、实践者，要自觉提高运用法治思维和法治方式深化改革、推动发展、化解矛盾、维护稳定能力，高级干部尤其要以身作则、以上率下。

②　如何理解依法行政能力？

依法行政能力，简单地讲，就是指政府工作人员掌握并运用法律实施行政管理的能力，包括三个层次：

一是尊崇法律的意识，即权力来源于人民并服务于人民、行使权力要遵守法定权限和程序、行政行为要符合宪法法律规定、违法或不当行政行为要承担法律责任的意识深植于心。

二是具备应有的法律知识，即准确理解、全面掌握规范政府共同行为的法律、法规和其他工作需要的法律知识。

三是运用法律处理行政事务的能力，用法治思维和法治方式切实深化改革、推动发展、化解矛盾、维护稳定。依法行政应当遵循合法行政、合理行政、程序正当、高效便民、诚实守信、权责统一的基本要求。

2015 年 12 月，山东省宪法和公共法律知识（电视）竞赛的决赛现场。　*山东省政府法制办供图*

3　为什么要全面提高政府工作人员的法治思维和依法行政能力？

在全面深化改革的新时期，全面提高政府工作人员的法治思维和依法行政能力具有现实紧迫性：

第一，提高政府工作人员法治思维和依法行政能力，是政府依法全面履行职能的需要。政府承担着保障国家安全、维护市场秩序、调控经济发展、促进文化进步、提供社会公共服务、维护社会稳定等职责。建设法治政府、创新政府、廉洁政府和服务型政府，需要政府依法全面履行职能，创新管理理念、机制和方式，提高管理能力。全面深化改革顶层设计的落实，需要法治保障。政府工作人员直接掌握行政权力，其法治思维和依法行政能力在很大程度上决定着全面推进依法治国和法治政府建设的方向、道路、进度。

第二，提高政府工作人员法治思维和依法行政能力，是政府工作适应新形势新任务的需要。我国经济发展进入新常态，适应新形势新任务，要求政府工作人员必须转变思维方式、行为方式。社会主义市场经济本质上是法治经济，经济秩序混乱多源于有法不依、违法不究，因此必须坚持法治思维、增强法治观念，依法调控和治理经济。法治经济的本质要求就是把握规律、尊重规律。各级领导干部要深入把握经济规律、社会规律、自然规律，使领导对经济工作更加自觉、更加有效。要带头依法办事，自觉运用法治思维和法治方式来深化改革、推动发展、化解矛盾、维护稳定。

第三，提高政府工作人员法治思维和依法行政能力，是全社会形成良好法治环境的需要。领导干部尊不尊法、学不学法、守不守法、用不用法，人民群众看在眼里，并且会在自己的行动中效法。正所谓"其身正，不令而行；其身不正，虽令不从"。当今时代是"走向权利的时代"，广大人民群众的民主意识、法治意识、权利意识普遍增强，全社会对公平正义的渴望比以往任何时候都更加强烈。如果领导干部仍然习惯于人治思维、迷恋于以权代法，人民群众不会买账。只有政府工作人员自觉在宪法法律范围内活动，以上率下，才能形成良好的法治风尚和法治环境。

④ 如何树立重视法治素养和法治能力的用人导向？

政府工作人员遵守法律、依法办事，不仅需要对法治发自内心的信仰，也需要外部环境的积极引导。其中用人导向极其重要，可以说是政府工作人员的指挥棒和风向标。要树立重视法治素养和法治能力的用人导向，通过加强激励约束机制建设，引导和督促领导干部带头遵守法律、依法办事。

一是完善干部考核评价机制，把法治素养和法治能力作为考察干部的重要标准。我们党选拔任用干部的标准总的来说就是德才兼备。在不同历史时期对干部德才的具体要求有所不同。党的十八届四中全会《决定》提出，"把法治建设成效作为衡量各级领导班子和领导干部工作实绩重要内容，纳入政绩考核指标体系"。这是继党的十八届三中全会提出纠正单纯以经济增长速度评定政绩后，对干部考核评价机制作出的又一重要调整完善。因此，《纲要》规定，将法治观念强不强、法治素养好不好作为衡量干部德才的重要标准，把能不能遵守法律依法办事作为提拔使用干部的重要内容，通过发挥考核评价和选人用人这个指挥棒和杠杆的作用，把严守党纪、恪守国法、依法行政的干部用起来。

二是坚持奖惩并举，真正使法治思维和依法办事能力成为一种硬标准、硬要求、硬约束。在抓法治建设上决不能光喊口号、练虚功、摆花架，要使法治素养和法治能力对于干部的指挥棒作用落到实处，从奖励与惩罚两方面作出引导。一方面，在相同条件下，优先提拔使用法治素养好、依法办事能力强、善于运用法治思维和法治方式推动工作的干部。另一方面，对特权思想严重、法治观念淡薄的干部要批评教育、督促整改，不能提拔重用。经教育不改的，要调离领导岗位。违反党纪政纪的，要按党纪政纪处理，触犯法律规定的，依法处理，不能用党纪政纪处分代替依法追究责任。

⑤ 如何加强对政府工作人员法治素养和法治能力的考核？

在对政府工作人员的各类考核中，对法治能力的考查测试存在重视程度不够、评价标准不健全、定量评价较少等问题。为了使法治能力考核成为考核政府工作人员的硬杠杠，《纲要》规定了以下几种措施：

一是将领导干部任职前法律知识考查和依法行政能力测试与干部任职挂钩。《纲要》规定："加强对领导干部任职前法律知识考查和依法行政能力测试，将考查和测试结果作为领导干部任职的重要参考，促进政府及其部门负责人严格履行法治建设职责。"2016 年中组部、中宣部、人力资源和社会保障部印发的《关于完善国家工作人员学法用法制度的意见》规定，探索建立领导干部法治素养和法治能力测评指标体系，将测评结果作为提拔使用的重要参考。

很多地方政府已经建立了领导干部任职前法律知识考查和依法行政能力测试制度，但仍存在一些问题。有的地方不严格执行考查测试程序，以开卷考试为主、题目多年不变等，使考查测试变成走过场；有的拟任干部认为考查测试没有必要，等等。切实将这项制度落到实处，应当在程序设计和执行上采取以闭卷为主、限时作答、严格监考和评卷，探索第三方组织实施，并将考查和测试结果作为是否任职的重要参考。各地区各部门应结合实际情况，建立健全法律知识考查和依法行政能力测试制度，并不折不扣地执行。

二是在公务员录用考试中加强对法律知识的考查。录用公务员之际设置法律素质门槛是国际通行做法，许多国家在公务员录用考试中设置大量法律知识考题，比重达到一半甚至三分之二以上。目前我国公务员录用考试中有对报考人员法律知识的考查，一般是在笔试的"行政职业能力测验"中。虽然近年考分比重和试题难度有所增加，但总体上分量还不够，不足以全面考查报考人员的法律素质和适应新形势的要求。

《纲要》规定，要优化公务员录用考试测查内容，增加公务员录用考试中法律知识的比重。在内容上，应当包括我国的基本法律制度，宪法和行政法的基本理论，行政法律制度的主要规定，《行政处罚法》《行政许可法》《行政诉讼法》《行政复议法》《国家赔偿法》等法律的基本内容。在形式上，除考查法律知识外，还要考查运用法律知识处理问题的思维能力、分析能力和逻辑能力，试题应当包括选择、判断、案例分析、论述等。条件成熟时可以将法律知识测查单列一项。

三是实行公务员晋升依法行政考核制度。对公务员的依法行政考核重在评价其以往依法行政工作情况，包括依法履行职责、科学民主决策、加强制度建设、规范行政执法、强化行政监督、防范化解社会矛盾、落实推进依法行政保障措施等方面内容，并以此作为升迁的重要参考。

一些地方已经建立并实行了公务员晋升依法行政考核制度。

比如，2013 年上海市人民政府印发的《关于 2013 年至 2017 年本市进一步推进法治政府建设的意见》规定："推行依法行政情况任职考察制度，对拟任各级政府及其部门领导职务的干部，应当在考察中了解其以往依法行政工作情况。"

不同地方出台的依法行政考核指标体系并不完全相同。按照实事求是的原则，各地区各部门可以根据本地区本部门法治政府建设情况和公务员依法行政水平设置符合实际的公务员依法行政考核体系。考核体系应当各项指标具体明确、互相之间不交叉，定性指标与定量指标合理配置，年终考核与日常考核相结合，材料审查与实地抽查相结合，上级考核、自查自评与公众评价相结合，更加注重定量考核、日常考核、公众评价、第三方考核。

📝 | 典型事例 |

2014 年 6 月，广西南宁首次举行"法考"，考点紧扣领导干部在公共事务管理中的常见法律问题，涵盖重大决策如何依法作出、拆迁工作如何依法开展、招商引资如何依法进行等；考试完全委托第三方专业机构组织、实施，闭卷答题，电脑评卷，即时出成绩；不给考生"做工作"的机会，不及格者，必须补考。

⑥ 如何加强对政府工作人员的法治教育培训？

学法懂法是守法用法的前提。在那些违法乱纪的领导干部中，相当多的人是长期不学法、不懂法。因此，必须建立健全法治教育培训制度，加强对政府工作人员的法治教育。对此，《纲要》规定了四项具体措施：

一是国务院各部门、地方各级政府要完善学法制度。国务院各部门、县级以上地方各级政府每年至少举办一期领导干部法治专题培训班，地方各级政府领导班子每年应当举办两期以上法治专题讲座。

二是党校、行政学院、干部学院等要加强对干部的宪法法律教育。很多地方政府借助党校、行政学院、干部学院的优势，加强干部的法治教育培训，取得了很好的效果。《纲要》要求各级党校、行政学院、干部学院等要把宪法法律列为干部教育的必修课。《关于完善国家工作人员学法用法制度的意见》进一步规定："把法治教育纳入干部教育培训总体规划，明确法治教育的内容

2015年6月，黑龙江省委组织部、省政府法制办联合举办市县政府领导干部依法行政专题研讨班。图为开班式现场。

黑龙江省政府法制办供图

和要求。把宪法法律列为各级党校、行政学院、干部学院、社会主义学院和其他相关培训机构的培训必修课，进一步加强法治课程体系建设，不断提高法治教育的系统性和实效性。""根据实际需要组织开展专题法治培训，加大各类在职业务培训中法治内容的比重。在组织调训中增加设置法治类课程，明确法治类课程的最低课时要求。"

三是健全行政执法人员培训制度。目前广大的行政执法队伍中人员结构复杂，人员素质参差不齐，需要特别针对行政执法人员加强法律培训，提高其法治素养和专业素质。因此，《纲要》要求健全行政执法人员岗位培训制度，每年组织开展行政执法人员通用法律知识、专门法律知识、新法律法规等专题培训。

四是加大公务员初任培训、任职培训中法律培训力度。《关于完善国家工作人员学法用法制度的意见》规定："把法治教育纳入国家工作人员入职培训、晋职培训的必训内容，确保法治培训课时数量和培训质量。"

除了以上法治教育培训途径外，各级政府还可以不断创新方式，利用广播电视、报刊、网络、移动通信等大众传媒，促进政府工作人员学法用法。

⑦ 如何完善政府工作人员学法制度？

近年来，一些地方政府和国务院部门已经建立了学法制度。《纲要》规定要完善学法制度，国务院各部门、县级以上地方各级政府每年至少举办一期领导干部法治专题培训班，地方各级政府领导班子每年应当举办两期以上法治专题讲座。这个要求是强制性的，也是最低标准，有条件的地方和部门可以在此基础上增加频率。

2016年4月印发的《关于完善国家工作人员学法用法制度的意见》也规定了推动国家工作人员学法的具体措施：

一是健全完善党委（党组）中心组学法制度。坚持领导干部带头尊法学法，把宪法法律和党内法规列入各级党委（党组）中心组年度学法计划，党委（党组）书记认真履行第一责任人职责。坚持重大决策前专题学法，建立和完善领导干部学法考勤、学法档案、学法情况通报等制度。

二是健全完善日常学法制度。定期组织法治讲座、法治论坛、法治研讨等，利用国家宪法日、宪法宣誓、法律颁布实施纪念日等开展学法活动，深入推动经常性学法；适应现代信息技术迅猛发展的新形势，加强网络培训基础设施建设，建设网络学法学校、网络学法课堂，拓宽学法渠道和学法形式，规范干部网络培训管理，更好地满足干部多样化的学习需求。注重运用微博、微信、移动客户端等新媒体新技术，更有效地组织开展以案释法、旁听庭审、警示教育等活动，增强国家工作人员学法的覆盖面和吸引力。

⑧ 如何加强行政执法人员岗位培训？

行政执法人员处于执法第一线，他们的依法行政水平直接关系行政管理目标的实现，要高度重视对行政执法人员的培训。目前，行政执法人员学习培训主要存在以下问题：一是行政执法人员学习培训与考核使用之间的关联性不够，不能充分调动行政执法人员努力学习、自强素质的积极性。有些行政执法机关开展培训后没有进行测试，或者只是进行开卷考试，培训工作不能达到真正提高执法水平的目的。二是系统性不够。一般为各级行政执法机关自行开展，培训内容多为以某一项专业法律、法规、规章为内容的单项培训，受训人员较难掌握比较系统的法律知识。

针对以上问题，《纲要》规定了行政执法人员通用法律知识、专门法律知识、新法律法规等多种形式的培训，确保培训工作系统化、规范化，切实提高行政执法人员对法律法规的学习理解能力、对违法行为的分析能力、对行政执法文书的制作能力等。今后的行政执法人员培训应当在以下方面作出改进：

一是建立行政执法人员综合法律知识培训制度。可以每年由地方政府法制机构针对行政执法部门开展综合法律知识培训，由政府有关部门对其行政执法人员开展专项法律知识培训，新法律法规出台时及时组织开展专题培训。

二是将学习培训考核结果与用人制度挂钩。以政府组织的综合培训考试结果和部门组织的专项培训考试结果作为行政执法人员任职晋升的依据之一，没经过行政执法培训并合格的一律不得任用晋升。同时，要注意把培训考核结果与行政执法资格证管理有机结合起来。

三是加强师资力量。由于培训对象多是具有执法经验的人员，那么师资队伍由既有理论知识又有实践经验的人员担任更能够使培训出实效、见成果。应当建立一支行政执法人员培训师资队伍，人员可由政府法制机构、公安机关、司法机关、检察机关、法院的法律业务骨干及法律专家等人员组成。

⑨ 如何加强公务员法律知识培训力度？

《纲要》要求，加大对公务员初任培训、任职培训中法律知识的培训力度。近年来，我国公务员初任培训和任职培训制度逐渐规范。新录用公务员初任培训的内容主要包括政治理论、依法行政、公务员法和公务员行为规范、机关工作方式方法等基本知识和技能；晋升领导职务公务员任职培训的内容主要包括政治理论、领导科学、政策法规、廉政教育及所任职务相关业务知识等。

2015 年 10 月中共中央印发的《干部教育培训工作条例》第十四条规定："干部应当根据不同情况参加相应的教育培训：（一）贯彻落实党和国家重大决策部署的集中轮训；（二）党的基本理论和党性教育的专题培训；（三）新录（聘）用的初任培训；（四）晋升领导职务的任职培训；（五）在职期间的岗位培训；（六）从事专项工作的专门业务培训；（七）其他培训。"

目前，一些地方和部门出台的相关文件强调了公务员初任培训、任职培训中法律知识的培训力度，以规定学时等措施细化了相关规定。比如，2015 年国家卫生和计划生育委员会印发的《关于全面加强卫生计生法治建设的指导意见》要求，"各级卫生计生行政部门要将法律知识纳入卫生计生系统公务员初任培训、在岗培训的必修内容，课程学时（学分）不得低于学习培训总学时（学分）的 20%"。山东省绝大部分市、县已将法治教育列入了公务员初任培训、任职培训和知识更新培训内容。

10 **如何通过法治实践提高政府工作人员法治思维和依法行政能力**？

提高政府工作人员的法治思维和依法行政能力，应当将理论学习与实践经历相结合，提高法律知识储备是基础，而身体力行、亲身实践更为直接。《纲要》规定了以下法治实践途径：

一是要求政府工作人员自觉运用法治思维履行工作职责、自觉依法行政。党领导立法、保证执法、支持司法、带头守法，主要是通过各级领导干部的具体行动和工作来体现、来实现。政府工作人员在作决策、立法、执法等公务活动中自觉严格遵守法定程序，本身就是法治思维的养成和依法行政能力的提高过程。

2016年4月，青岛市黄岛区人民法院在该区综合行政执法局设立全国首个综合行政执法巡回法庭。图为开庭现场。
　　　　　　　　　　　　　　　　　　　　　　　　山东省政府法制办供图

《行政诉讼法》规定，被诉行政机关负责人应当出庭应诉。这项制度为行政相对人与行政机关负责人直接对话创造了条件。对于行政机关负责人来讲，出庭应诉也是生动的法治教育课，促使其提高法治意识、学习法律知识、发现自身问题。

《关于完善国家工作人员学法用法制度的意见》从两个方面对国家工作人员用法提出了要求：第一，坚持依法决策。强调要严格遵守宪法和法律规定决策，做到法定职责必须为、法无授权不可为。第二，严格依法履职。强调牢固树立权由法定、权依法使等基本法治观念，严格按照法律规定和法定程序履行职责，把学到的法律知识转化为依法办事的能力。

二是发挥法律顾问和法律专家的咨询论证、审核把关作用。发挥法律顾问和法律专家在制度建设、行政决策、行政复议、诉讼、仲裁、对外签订合同等事项中的积极作用，可以帮助各级政

2016年3月，贵州省"三变"（农村资源变资产、资金变股金、农民变股东）改革制度建设咨询论证暨贵州省政府法律顾问座谈会召开。

贵州省政府法制办供图

府实现法律风险的事前防范、事中控制和事后化解，促进政府依法决策、依法行政、依法用权。

2016 年，中共中央办公厅、国务院办公厅印发《关于推行法律顾问制度和公职律师公司律师制度的意见》，要求 2017 年底前，中央和国家机关各部委，县级以上地方各级党政机关普遍设立法律顾问、公职律师，乡镇党委和政府根据需要设立法律顾问、公职律师，国有企业深入推进法律顾问、公司律师制度，事业单位探索建立法律顾问制度，到 2020 年全面形成与经济社会发展和法律服务需求相适应的中国特色法律顾问、公职律师、公司律师制度体系。《意见》规定了党政机关法律顾问、国有企业法律顾问承担的职责，以及保障其发挥作用的相关工作规则和责任制度。

三是落实"谁执法谁普法"的普法责任制。由行政执法人员在为群众办事过程中进行普法教育，更具有亲历性和普及性，更利于人民群众接受。如交警部门宣传交通法规，税务部门宣传税法，劳动保障部门宣传劳动保障的相关法律法规。同时，"谁执法谁普法"对于实施执法、普法行为的行政执法人员也能起到检验执法水平、提高执法能力、加强法治意识的作用，使普法与执法相互依托、相互促进。

各地方各部门可以结合实际制定推进普法责任制的具体意见。要坚持执法办案和普法宣传相结合，将普法宣传教育渗透到执法办案全过程，通过文明执法促进深度普法，通过广泛普法提高执法水平；坚持日常宣传和集中宣讲相结合，定期编辑、推出各类典型案例，利用广播、电视、网络、移动通信等平台开展以案说法、以案释法活动，发挥典型案例的教育警示作用；坚持统一领导与各司其职相结合，地方党委、政府要加强监督考核，各

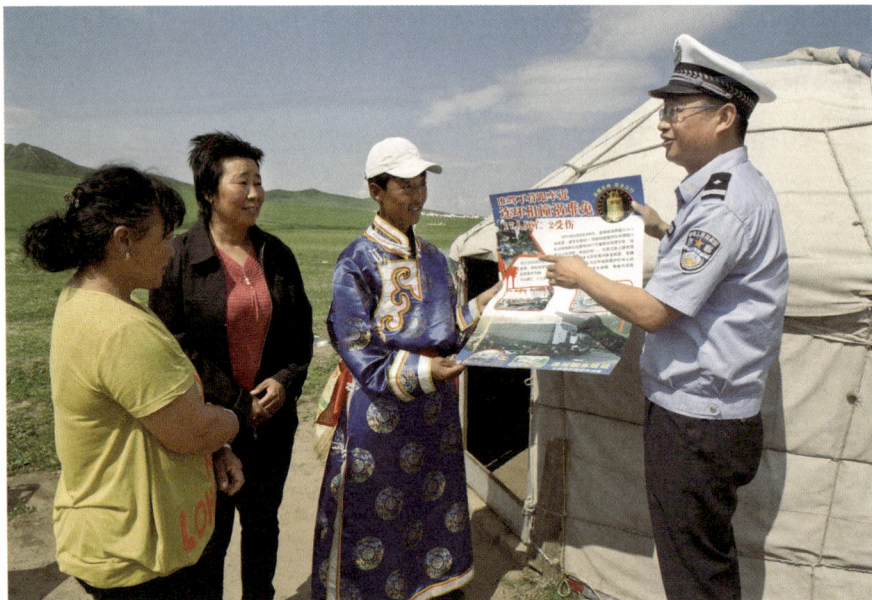

内蒙古通辽市公安民警在牧区开展普法宣传。 韩斌 / 摄

相关部门承担主要责任，并积极引导群众关心、关注和参与立法、执法活动，使执法人员与人民群众在互动中加强对法律条文和程序的理解，促进双方的互信。

相关链接

《江苏省国家机关"谁执法谁普法"责任制实施办法》第四条：

国家机关"谁执法谁普法"应当坚持普法宣传和执法办案相结合的原则，主动将法治宣传教育渗透到执法办案的全过程，利用举案说法、以案释法等生动直观的方式普及法律知识，通过文明执法促进深度普法，通过广泛普法促进规范执法。

第九章

法治政府建设的组织保障和落实机制

　　《纲要》作为全面深化改革和全面依法治国的一项重要成果，要确保得到贯彻落实，就要遵循法治政府建设的规律和特点，建立全过程、高效率、可核实的贯彻落实机制，推动法治政府建设各项举措早落地、见实效。为确保法治政府建设落到实处，真正发挥作用，《纲要》在总结实践经验教训的基础上，专门就各项任务措施的组织保障和落实机制作出规定。

1 如何加强党对法治政府建设的领导？

在我国，中国共产党在国家政治生活中处于总揽全局、协调各方的领导核心地位。只有在党的领导下依法治国、厉行法治，社会主义法治国家建设才能顺利推进，人民当家作主才能充分实现。我们还要清醒地看到，法治政府建设不仅是政府自身建设的问题，而且是一个关系方方面面的系统工程，是整个国家治理体系和治理能力现代化的重要内容。深入推进依法行政、加快建设法治政府，不仅是各级政府的事，也是全党、全国、全社会的事，单靠行政机关自己的努力是远远不够的。只有坚持依法治国、依法执政、依法行政共同推进，坚持法治国家、法治政府、法治社会一体建设，法治政府建设才能顺利进行，达到预期目标。

坚持党对法治政府建设的领导，就要把全面依法治国同依法执政、依法行政统一起来，把党总揽全局、协调各方同各级政府及其部门依法履行职责、开展工作统一起来，把党的领导贯彻到法治政府建设的全过程和各方面。各级政府要在党委统一领导下，谋划和落实好法治政府建设的各项任务，主动向党委报告法治政府建设中的重大问题，及时消除制约法治政府建设的体制机制障碍。

坚持党对法治政府建设的领导，党政主要负责人不仅自身要带头遵守宪法法律，带头依法办事，而且要抓好领导班子和干部队伍法治素养与能力的培养提高。要把坚持不坚持依法行政、愿意不愿意依法办事、善于不善于运用法律手段做好工作，作为评判行政机关工作人员特别是领导干部工作水平高低、工作实绩大小的重要标准，使法治政府建设真正成为一项硬任务、硬要求和硬约束。

全面依法治国的新形势新任务，还要求不断提高党领导法治建设的水平，既要确保党在宪法法律范围内活动，又要依据党内法规管党治党，充分发挥各级政府及其部门中的党组织和党员干部在法治政府建设中的模范带头作用。各级行政机关及其部门的党组织要领导和监督本单位模范遵守宪法法律，坚决查处执法犯法、违法用权、贪赃枉法等行为。

② 如何落实推进法治政府建设的第一责任人职责？

全面推进依法治国，关键在各级领导干部。党的十八大报告要求"提高领导干部运用法治思维和法治方式深化改革、推动发展、化解矛盾、维护稳定能力"，这是根据全面推进依法治国的新形势对各级领导干部提出的新要求，具有很强的针对性和指导性。《纲要》提出："党政主要负责人要履行推进法治建设第一责任人职责，将建设法治政府摆在工作全局的重要位置。"此次明确要求党政班子协同推进法治政府建设，可以说是我国法治政府建设推进机制的一次重大提升，说明我们党对法治政府建设有了新的更深层次的认识。

2016年2月23日召开的中央全面深化改革领导小组第二十一次会议，突出强调了党政主要负责人在改革举措落实工作中的责任，明确指出："各地区各部门的主要负责同志，对抓改革、抓落实负有直接责任，要亲自抓谋划、抓部署、抓督察、抓落实。对中央部署的改革任务，要高度重视、亲力亲为，中央有具体要求的，要一竿子插到底，不折不扣落实下去；中央提出原则要求的，要结合实际进行细化实化。对本地区本部门改革任务，既要抓紧推进、敢于突破，又要立足全局、通盘考虑。"党政主要负责人要履行推进法治建设第一责任人职责，是党的十八届四中全会《决定》和《纲要》的明确要求，是推进法治政府建设的重要组织保证。加快建设法治政府，各级领导干部的信念、决心、行动具有十分重要的意义。党政主要负责人是本地区、本部门各项工作的第一责任人，对政府工作是否做到依法行政更是责无旁贷。

《纲要》是党中央、国务院全面依法治国的一项重要决策部署，目的就是调动各方面积极因素，努力实现2020年法治政府基本建成的目标。要确保《纲要》在各地区各部门不折不扣地贯彻落实，党政主要负责人就要真正把思想认识从重经济建设、轻法治建设的观念中转变过来，把法治建设从"重立法重形式重宣传""轻执法轻落实轻效果"的倾向中转变过来，把法治工作从"重治民重处罚重管理""轻治官轻教育轻服务"的方式中转变过来，在重视程度、领导力度和推进速度上都进一步增强使命感、紧迫感和责任感。只有做到知责明责、守责尽责，各就各位、各负其责，才能有效避免法治政府建设中出现"上热中温下冷""中央重视中间忽视基层无视"的尴尬现象。我国行政体制的一个重要特点，是上级机关的工作方式和作风对下级具有重要的引领、带动、示范作用。所以，上级政府和部门要切实把法治政府建设作为当前和今后一个时期的重要工作，带头依法履行职责、依法决策、依法解决矛盾和问题，并大力支持下级政府和部门依法行政，切实树立好榜样。

要真正成为法治政府建设中的促进派和实干家，党政主要负责人就要履行推进法治建设第一责任人职责，将建设法治政府摆在工作全局位置，就要切实做到党政协同推进。把《纲要》落实的出发点放到为党尽责、为民造福上，而不是用"法治"标签树立自身形象、为自己升迁铺路；把《纲要》落实的落脚点放到办实事、求实效上，而不是追求表面政绩，搞华而不实、劳民伤财的"形象工程"；把《纲要》落实的重点放到立足现实、打好基础上，而不是去盲目追求某些奖项，出风头、搞攀比。

严格责任是政策文件贯彻落实的有效手段。各地区各部门必须明确职责担当，把法治政府建设情况纳入党政机关领导班子的目标责任制，以上率下、上下联动，要分别明确相关责任和要求，加强监督检查，定期进行考核，强化责任追究。对不认真履行第一责任人职责，本地区本部门一年内发生多起重大违法行政案件、造成严重社会后果的，依法追究主要负责人的责任。对落实和执行《纲要》不力、敷衍塞责、拖延扯皮、屡推不动的，对重视不够、研究甚少、贯彻乏力的，不依法行政、不依法办事的，都要严肃追究责任。

③ 怎样完善法治政府建设情况报告制度？

在我国，行政机关是权力机关的执行机关，根据权力机关制定的法律、法规行使权力、履行职责。我国《宪法》第一百一十条规定："地方各级人民政府对本级人民代表大会负责并报告工作。县级以上的地方各级人民政府在本级人民代表大会闭会期间，对本级人民代表大会常务委员会负责并报告工作。地方各级人民政府对上一级国家行政机关负责并报告工作。全国地方各级人民政府都是国务院统一领导下的国家行政机关，都服从国务院。"地方行政机关定期报告依法行政或者法治政府建设工作，是报告政府工作的重要内容。2004 年国务院发布的《全面推进依法行政实施纲要》就提出："地方各级人民政府应当定期向本级人大及其常委会和上一级人民政府报告推进依法行政的情况；国务院各部门、地方各级人民政府工作部门要定期向本级人民政府报告推进依法行政的情况。"定期报告依法行政或者法治政府建设的情况，目的就是使国家权力机关和上级行政机关及时了解和掌握法治政府建设方面的情况，加强层级监督检查，督促依法行政、法治政府建设工作的落实。

在总结十多年来实践经验的基础上，《纲要》对法治政府建设情况报告制度作了完善，要求："县级以上地方各级政府每年第一季度要向同级党委、人大常委会和上一级政府报告上一年度法治政府建设情况，政府部门每年第一季度要向本级政府和上一级政府有关部门报告上一年度法治政府建设情况，报告要通过报刊、政府网站等向社会公开。"

与以往相关规定比，《纲要》有几个创新之处：一是增加县级以上地方各级政府向同级党委报告法治政府建设情况的要求。这是加强各级党委对法治政府建设领导、政府主动向党委报告法治政府建设工作的具体行动，要以制度的方式确定下来。二是增加县级以上地方政府部门向上一级政府有关部门报告法治政府建设情况的要求。三是明确每年第一季度要报告上一年度法治政府建设的情况，这是第一次规定了报告的具体时间，增强制度的操作性。

《纲要》还提出，政府和部门的法治政府建设情况报告"要通过报刊、政府网站等向社会公开"。这是法治政府建设情况报告制度的一个新要求和亮点，目的就是通过向社会公开法治政府建设的情况，创造条件畅通人民群众参与政府管理、参与法治政府建设的途径，让人民群众为法治政府建设打分，为推进依法行政注入动力，使各地区各部门不轻视、不懈怠。正如毛泽东同志所说，"只有让人民来监督政府，政府才不敢松懈"。地方各级政府及其部门要充分认识做好这一工作的重要意义，认真负责地做好法治政府建设情况的报告和公开工作，并通过这些工作促进法治政府建设乃至整个政府工作质量的提升。

④ 如何强化法治政府建设的考核评价？

法治政府建设考核制度，对于提高行政机关工作人员特别是领导干部的法治意识，自觉用法治思维和法治方式履行职责、推动工作，具有重要意义。近年来，一些地方和部门已经探索建立了依法行政或法治政府考核指标体系，在促进行政机关依法履职方面取得了明显效果。《纲要》在总结实践经验的基础上提出："各级党委要把法治建设成效作为衡量各级领导班子和领导干部工作实绩的重要内容，纳入政绩考核指标体系，充分发挥考核评价对法治政府建设的重要推动作用。"

我们要狠抓《纲要》的贯彻落实，将法治政府建设成效作为衡量领导班子和领导干部工作实绩的重要内容，纳入政绩考核指标体系。使法治政府建设的各项举措真正成为一种硬要求、硬约束，并逐渐内化为各级行政机关工作人员特别是领导干部的自觉行动。加强法治政府建设的考核评价工作，可以从以下方面着手：

一是明确考核对象和主体。法治政府建设考核制度适用于上级政府对下级政府的考核，也适用于一级政府对所属部门的考核。应明确各级行政机关的主要负责人是本单位推进法治政府建设的第一责任人，将考核责任分解到政府各部门，要完善相应的机制，确定专门机构负责考核的具体工作。

二是完善考核标准和内容。应把是否依照法定权限和程序行使权力、履行职责作为衡量政府及其部门各项工作好坏的重要标准。考核内容包括：是否依法全面履行职责，是否依法决策，是否依法制定发布规范性文件，是否依法行使行政许可、行政处罚、行政强制等职权，是否依法公开政务信息，是否依法受理和办理行政复议案件，是否依法履行行政应诉职责，等等。

三是科学设计考核指标和方式。考核指标可以包括法治政府建设的组织领导、政府职能转变情况、制度建设质量、行政执法工作情况、行政监督制度等内容，并可根据各地的实际情况进行调整。需要注意的是，这一指标体系是开放的系统，可以根据不同时期不同地区法治政府建设的进展情况修正指标赋值和系数，为不同时期不同条件下的法治政府建设提供考核参数。考核可以行政机关自查自评为基础，采取日常考核与年终考核、书面审查与现场考察、组织考评与群众评议、定性考核与定量考核相结合，部门交叉考核与邀请人大、政协及相关专家和普通群众组成考核组相结合的方式进行。

四是规范考核程序。考核程序可包括以下环节：自查自评环

2015 年 12 月，山东省省直机关工作人员公共法律知识抽查测试在济南大学举行。

山东省政府法制办供图

节，被考核单位于每年第一季度对上一年度的法治政府建设情况，根据考核办法逐项自查自评，提交书面报告；检查考核环节，考核机关根据自查自评情况和实际需要，安排检查考核，并可以抽查被考核单位所属部门的工作情况，与被考核单位的考核结果挂钩；结果评定环节，考核机关根据检查考核情况，对照具体的考核指标，评定考核结果，考核结果可用百分制或者分为优秀、良好、合格、不合格等具体等次；异议处理环节，被考核单位对考核结果有异议的，可以按照规定向考核机关提出申诉，考核机关视情况进行核查，并将结果通知申诉单位。

五是落实考核结果。行政机关要建立健全法治政府建设考核档案，将被考核对象的情况及时予以记录。要切实做到考核结果与行政问责及干部奖惩制度、干部任免相挂钩，形成以权责相统一为导向的管理体制。要按照奖优、治庸、罚劣的原则，建立和完善相应的奖惩制度，褒奖那些在法治政府建设中埋头苦干、狠抓落实的干部，教育和调整那些只尚空谈、不干实事的干部，问责和惩处那些因违法用权、失职渎职造成严重后果的干部，在法治政府建设中努力营造崇尚实干、恪尽职守、勇于奉献的工作氛围。

📝 | 典型事例 |

贵州省在总结近来考核经验和广泛征求意见的基础上，对考核指标和评分标准进行了科学细化，分别制定三种不同的考核指标及评分标准进行分类考核，以确保考核结果更加公平、公正、科学、合理。

在依法行政考核工作中，不仅强调突出年度工作重点，同时坚持依法行政工作的科学性、连续性和可操作性。每年年初布置依法行政年度工作要点，年末进行考核。依法行政年度工作要点的确定，每年各有侧重。2013年侧重考核各地各部门对依法行政工作的安排部署工作；2014年度侧重考核简政放权、法律顾问制度等工作；2015年侧重考核行政审批制度改革的"接、管、服"工作、"权力清单、责任清单"的公布等工作。考核内容不断充实、考核办法不断完善、考核标准不断提高，从而发挥了考核对全面推进依法行政的促进、引导、服务和保障功能。

⑤ 如何开展法治政府建设的督促检查？

法治政府建设是一项系统工程，涉及政府工作的各方面。《纲要》针对法治政府建设作了全面部署，提出了大量具体措施，但关键在于落实，难点也在于落实。督促检查就是推动《纲要》落实的重要举措，其目的是及时了解社情民意，及时发现《纲要》在实施过程中出现的新情况，解决新问题，及时纠正不合法、不合理现象，进一步提升政府治理水平，确保行政权力在法治轨道上有效运行，切实维护好广大人民群众的根本利益。

近年来，一些地方和部门开展了落实《行政许可法》《行政强制法》《行政复议法》《政府信息公开条例》等法律法规的专项检查，开展了行政处罚案卷评查、行政执法社会评议等活动，并就法治政府建设情况听取人大代表、政协委员和社会公众的意见，取得了较好的效果。《纲要》发布后，强有力的督促检查是法治政府建设各项措施贯彻落实的重要保证。只有将督促检查作为推动法治政府建设各项决策部署和措施落地生根、早见成效的必须之举和重要手段，才能推动各级政府依法履行职责、提高行政效率，更好地为人民服务。在工作过程中，要注意完善机制，让督促检查有制可循。

一是强化督促检查的职能，抓紧构建上下贯通、横向联动的督促检查工作格局。部门要加强对本系统法治政府建设工作的指导，重点是总结好经验、好做法，分析存在的突出问题，结合《纲要》的要求研究提出推进法治政府建设的新举措，提高本系统法治政府建设的整体水平。作为中央国家机关的国务院各部门，要支持、督促和推动本系统的法治政府建设，为《纲要》的贯彻落实创造条件、排除障碍、解决困难。

二是规范督促检查的程序，发挥督查调研、限期报告、调查复核、情况通报等程序性制度的作用。各地区各部门要建立科学高效的工作流程，切实提高督促检查工作的规范化和制度化水平，持续深入地推动法治政府建设。

三是重视督促检查中发现的经验和问题。要注意梳理、总结和推广法治政府建设中的新做法、好经验，对于《纲要》落实过程中发现的问题，要阐明原因、列出清单、明确责任、限定时间、挂账整改。同时，要更加重视调查研究，坚持眼睛向下、脚步向下，多听取基层干部群众的意见和建议，多了解基层干部群众所思、所想、所盼，使法治政府建设更接地气、更有实效。

四是做好督促检查后的责任落实。与以往相关文件相比，此次《纲要》的一个重要特点就是明确了具体措施，并对完成时限作了要求。开展法治政府建设情况的督查落实，就是要确保《纲要》各项举措落地生根，限时完成。对督查中发现懒政、庸政、怠政的干部要严肃问责，对不敢抓不敢管、尸位素餐、碌碌无为的干部要采取组织措施。通过强化责任落实，促进政府工作人员特别是领导干部在法治政府建设方面主动作为、勤政有为、善谋善为。

⑥ 如何推动法治政府建设的宣传引导？

法治政府建设不仅是政府自身建设的大事，也是社会公众普遍关心的大事，关系亿万民众福祉。只有坚持依法治国、依法执政、依法行政共同推进，坚持法治国家、法治政府、法治社会一体建设，法治政府建设才能顺利推进。党的十八届四中全会《决定》明确提出"增强全民法治观念，推进法治社会建设"，掀开了法治宣传教育新的一页。要以此次《纲要》公布施行为契机，广泛宣传法治政府建设目标、工作部署、先进经验、典型做法，正确引导舆论、凝聚社会共识，营造全社会关心、支持和参与法治政府建设的浓厚氛围，推动法治政府与法治社会建设相互促进、相得益彰。

一是完善法治政府建设宣传工作机制。按照党的十八届四中全会《决定》提出的"健全普法宣传教育机制"的要求，将法治政府建设宣传作为社会"大普法"工作格局的一部分，变"独唱"为"合唱"。同时，要探索建立宣传的长效机制，构建定期化、常态化的宣传模式，切实营造法治政府建设的良好氛围。

二是落实法治宣传责任。要充分发挥行政机关、社会团体、企事业单位、新闻媒体、行业协会的职能作用，建立健全媒体公益普法制度，进一步落实"谁主管谁普法，谁执法谁普法"的法治宣传责任制度，把法治政府宣传教育工作不断推向深入。

三是运用新兴媒体宣传法治政府建设。目前，新兴媒体日益壮大，网络、微信成为舆论新阵地，一些涉及行政执法、纠纷解决、机关作风的小问题、小矛盾、小事件如果处理不好，就有可能通过网络不断扩大，甚至会产生严重的后果。所以，行政机关应当利用好网络这一宣传阵地，加强网络宣传。特别是要针对公众关心、影响广泛的社会热点问题，及时主动阐述政策法规，传达理性思想，把握问题导向，正确引导舆论。

四是增强宣传活动的生动性。法治政府建设宣传要深刻把握

江苏省洪泽县岔河镇司法所基层司法工作者向社区矫正人员讲述社区矫正的流程。

新华社 李响／摄

新闻传播规律和新兴媒体发展规律，主动适应媒体发展趋势和应对时代挑战，创新先进典型宣传方式。通过开展授课式、宣讲式、引导式、互动式、案例式、娱乐式等寓教于乐、喜闻乐见的法治政府宣传教育活动，凝聚社会共识，营造全社会关心、支持和参与法治政府建设的良好社会氛围。

7 如何加强政府法制力量建设？

法治政府建设是各地区各部门的共同任务，决不只是某一个机构、某一支队伍的职责。但是如果没有一支政治可靠、业务精深的队伍专门负责并将这些任务作为自己的主要职责扛在肩上，法治政府建设的各项任务措施就难以真正落到实处。"国无常强，无常弱。奉法者强则国强，奉法者弱则国弱。"建设法治政府，必须要有一支忠诚于党的法治事业，专业精干的法制干部队伍。党的十八届四中全会《决定》对建设高素质法治专门队伍作了部署，政府法制队伍是我国法治专门队伍的重要力量，《纲要》也作了相应要求："加强各级政府及其部门法制力量建设，不断提高工作人员的思想政治素质和业务工作能力。"这对于各级政府及部门法制机构来说是沉甸甸的职责任务，也是一个重要的发展机遇。加强各级政府及其部门法制机构建设，可以从以下方面着力推进：

一是加强政府法制机构建设的制度保障。政府法制机构任务较为繁重，涉及的问题专业性强，要科学布局内设机构，明确专业职责定位，让专门的法制工作成为日常职责和任务。同时，要加强人财物方面的投入，保障政府法制机构客观中立的地位。近年来，山东、江苏、贵州等地就集中力量加强政府法制机构建设，在深入推进依法行政、加快建设法治政府方面取得了较好效果。

二是加强市县政府法制机构建设。市县处在政府工作一线，承担着大量工作，依法处理各种社会矛盾和协调各种复杂关系的任务非常艰巨，应努力加强市县政府法制机构建设。特别是在机构编制、干部选配、资金投入等方面重点加强，为政府法制机构充分履行职责创造必要的基础性条件。

三是加强政府部门以及乡镇、街道法制机构建设。近年来，一些地方在行政执法职能较多、任务较重、日常工作中与群众打交道较多的部门，以及乡镇政府、街道办事处设置了专门的法制处、科、股，不具备条件的也都设了一个专职法制工作岗位。各地区各部门的实践都有力证明，这些法制机构和岗位在决策意见咨询、法制审核把关、矛盾纠纷化解等方面发挥了重要作用，取得了很好的效果。

在加强政府法制机构建设的同时，还要重视法制干部队伍建设。

一是把思想政治建设摆在首位。法制干部队伍的思想认识是否到位、法治素养是否提高、法治能力是否增强，直接关系法治政府建设任务的贯彻落实。要加强理想信念教育，大力提高政府及其部门法制机构工作人员的思想政治素质，切实增强依法行政、依法办事能力，努力成为社会主义法治的忠实崇尚者、自觉遵守者、坚定捍卫者，努力成为深入推进依法行政的组织者、推动者、实践者。

2014年12月4日，首个国家宪法日，安徽省人大常委会举行宪法集中宣誓仪式。

安徽省政府法制办供图

二是要重视培养具备宽广战略思维的复合型人才。政府法制工作包括行政立法、法制审核、复议办案、文件起草、规范执法、理论研究、宣传教育等多个方面。政府和部门要重视对法制干部的培养，通过多岗位锻炼、培养政府法制工作人员，使他们不断增强遵循规律、发扬民主、加强协调、凝聚共识的能力，努力培养一批复合型业务干部。法制干部也要深入基层和一线，从中国实际出发，强化有效解决中国实际问题的思维和能力。

三是要加大对法制干部的使用力度。在全面依法治国、加快建设法治政府的新形势下，要从总体上考虑这支队伍的培养规划，加大政府法制干部的选拔、使用和交流力度。对那些不图虚名、踏实干事、甘于奉献的优秀干部要大胆使用，充分调动广大政府法制干部的积极性、主动性和创造性，努力打造一支德才兼备、有高度事业心和责任感的政府法制干部队伍。

📝 | 典型事例 |

山东省委、省政府高度重视法治政府建设，把加强政府法制机构队伍建设作为一项重要的基础性工作来抓，取得显著成效。2013 年以来，山东省政府法制办新增内设处级机构 4 个，增幅为 50%，行政编制增加 18 名，增幅为 41%，处级领导职数增加 40%。2014 年 3 月，经党中央、国务院批准，省政府法制办加挂了山东省人民政府行政复议办公室牌子。2015 年 7 月，山东省政府法制办与山东省编办联合印发了《关于进一步加强市县政府法制机构建设的意见》（鲁编办发〔2015〕8 号）。

⑧ 如何切实推动《纲要》贯彻落实？

《纲要》明确要求，各地区各部门要结合实际制订实施方案，明确提出时间进度安排和可检验的成果形式，党政主要负责人要亲自抓落实，各项工作任务除本纲要有明确时间要求外，原则上应当在2019年年底前完成。中央和国家机关有关部门要根据部门职责承担并履行好本纲要确定的相关任务，并做好统筹协调，及时沟通协商，形成工作合力。作为牵头单位和负责单位的中央和国家机关有关部门和省级政府要建立法治政府建设年度进展报告制度，及时向党中央、国务院报告工作进展情况。国务院法制办要牵头做好督促检查。各地区各部门在实施本纲要的过程中，要注意研究法治政府建设的新情况新问题，解放思想、大胆实践、开拓进取、久久为功，运用法治思维和法治方式引领改革发展破障闯关、推动民生改善和社会公正，以更加奋发有为的精神状态，推动法治政府建设一步一个脚印向前迈进，为全面推进依法治国、建设社会主义法治国家作出扎扎实实的贡献。

《纲要》的颁布施行，是党中央、国务院全面依法治国的一项重大举措。要确保《纲要》各项任务措施的落地生根、取得成效，各地区、各部门和各级干部就要强化认识、真抓实干、勤政有为、善谋勇为，不断提高政府依法行政的能力和水平。从近期看，重点要抓好以下工作：

一是全面部署《纲要》的贯彻落实。法治政府建设涉及方方面面，与各地区、各部门工作密切相关。各级行政机关要结合实际制定《纲要》的任务分解方案，明确各部门各单位的具体任务和职责分工。要对每年贯彻实施《纲要》的重点工作作出具体安排，强化组织领导，加强对本地区本部门法治政府建设工作的协调、指导、考评、督促，形成一级抓一级、逐级抓落实的工作局面。

二是切实抓好《纲要》的学习培训。通过举办培训班、研讨会、报告会、中心组学习等多种形式，抓好《纲要》的学习培训。关键是要结合本地区、本部门实际，突出重点、创新方式，注重学用结合、力求抓出成效。要以《纲要》的学习培训为契机，进一步完善行政机关工作人员学法制度，并作为一项长期任务常抓不懈。

三是着力健全《纲要》落实的激励和问责机制。对真抓实干，落实《纲要》任务措施得力的地区和部门，要通过多种方式奖励支持。对善于运用法治思维和法治方式履职尽责的干部，要提供平台和机会，重点培养使用。同时，要按照党中央、国务院的要求开展《纲要》落实情况的督察问责，对发现的问题要拉出清单、建立台账、限期整改。对有关单位和人员，该约谈的约谈，该处理的处理，该通报的通报，严肃追究责任。通过奖惩机制作用，使政府工作人员特别是领导干部既有使命感、敬畏感，更有责任意识和担当意识，推动法治政府建设不断取得新成效。

📝 | 典型事例 |

2015年12月，中共中央、国务院印发《法治政府建设实施纲要（2015—2020年）》后，青海省政府办公厅印发了《关于认真学习贯彻〈法治政府建设实施纲要（2015—2020年）〉的通知》，从加强学习教育、加强组织领导、加强协调配合、加强舆论宣传等四个方面对全省学习贯彻《纲要》作了安排部署。各地区、各部门将贯彻落实《纲要》作为2016年度法治政府建设工作开局起步的重要任务和具体抓手。

2016年7月14日，青海省法治政府建设工作推进会议在西宁召开。会议通报了全省法治政府建设工作情况，对下一步工作进行了动员部署。会议强调，各地各部门要贯彻好《法治政府建设实施纲要（2015—2020年)》，落实好省委省政府印发的《青海省法治政府建设实施方案》，紧紧围绕到2020年基本建成职能科学、权责法定、执法严明、公开公正、廉洁高效、守法诚信的法治政府目标，进一步增强政府工作人员依法行政能力，提高运用法治思维和法治方式深化改革、推动发展、化解矛盾、维护稳定的水平；进一步梳理任务举措，强化督查考核，提高依法行政考核权重，加强各级法制机构和干部队伍建设，确保各项目标任务落到实处。

后 记

2015年12月，中共中央、国务院印发了《法治政府建设实施纲要（2015—2020年)》（以下简称《纲要》）。这是我国法治政府建设进程中具有里程碑意义的纲领性文件。全面贯彻实施《纲要》，是各级党委和政府的重大任务。为便于各级党政机关工作人员及社会各界人士深入学习领会党中央、国务院关于法治政府建设的新部署、新要求，促进《纲要》各项措施的贯彻落实，加快建设法治政府，国务院法制办公室政府法制研究中心组织编写了本书。本书主要具有以下三个特点：

权威性。本书作者是参与《纲要》研究起草工作的同志，根据党的十八大和十八届二中、三中、四中、五中全会关于法治国家、法治政府、法治社会建设的精神和习近平总书记系列重要讲话精神对《纲要》进行阐释，解读法治政府建设的基本理念、基本原则、基本路径、基本举措，并通过对实际问题的回答，深化对中国特色社会主义法治政府建设理论的认识，达到理论联系实际、理论指导实践的目的。

通俗性。《纲要》提出了依法全面履行政府职能，完善依法行政制度体系，推进行政决策科学化、民主化、法治化，坚持严格规范公正文明执法，强化对行政权力的制约和监督，依法有效化解社会矛盾纠纷，全面提高政府工作人员法治思维和依法行政能力等7个方面的主要任务，对每个方面的主要任务，分别提出了具体目标和措施，明确了时间进度安排和可检验的成果形式。本书希望通过一问一答的方式，解读和阐释这些内容，以通俗易懂的语言、生动鲜活的事例帮助读者准确理解和把握《纲要》的精神实质，领会全面建成小康社会决胜阶段的新形势、新情况对法治政府建设提出的新任务、新要求。

实用性。建设法治政府既是全面建成小康社会、全面依法治国、建设社会主义法治国家的重要奋斗目标，也是亿万人民群众生动具体的法治实践。本书注重阐释2013年以来新一届国务院关于推进法治政府建设的新思路、新举措，介绍近年来各地区各部门在法治政府建设实践中的新进展、新经验，直面依法行政的突出问题，澄清法治政府建设中可能存在的疑惑，说明《纲要》在实施中需要把握的原则、方法和方向，努力做到从中国实际出发，有效解决中国实际问题。

本书作者分工如下：第一章：李明征、潘波；第二章：于宏伟、范文嘉；第三章：朱卫国、许驰、马志毅；第四章：李富成、苏诺、吴春平；第五章：许驰、陶杨；第六章：马志毅；第七章：倪娜；第八章：范文嘉；第九章：潘波。全书由李明征、李富成同志修改统稿。

期望通过本书的出版，能为各级党政机关工作人员及社会各界人士深入学习领会党中央、国务院关于法治政府建设的新战略、新部署、新要求，促进《纲要》的贯彻落实，如期实现到2020年法治政府基本建成的奋斗目标发挥积极的作用。

由于时间仓促、水平有限，欢迎读者们批评指正。

编　者

2016 年 7 月

责任编辑：张　立

版式设计：周方亚

责任校对：周　昕

图书在版编目（CIP）数据

法治政府新热点 :《法治政府建设实施纲要（2015—2020 年）》学习问答 /
国务院法制办公室政府法制研究中心编 . —北京 : 人民出版社，2016.8

ISBN 978 - 7 - 01 - 016586 - 8

I.①法…　Ⅱ.①国…　Ⅲ.①国家机构 – 行政管理 – 中国 –2015—2020–
问题解答　Ⅳ.① D630.1–44

中国版本图书馆 CIP 数据核字（2016）第 183361 号

法治政府新热点

FAZHI ZHENGFU XIN REDIAN

——《法治政府建设实施纲要（2015—2020 年）》学习问答

国务院法制办公室政府法制研究中心　编

人 民 出 版 社 出版发行

（100706　北京市东城区隆福寺街 99 号）

北京新华印刷有限公司印刷　新华书店经销

2016 年 8 月第 1 版　2016 年 8 月北京第 1 次印刷

开本 : 710 毫米 ×1000 毫米 1/16　印张 : 14.5

字数 : 170 千字　印数 : 00,001—20,000 册

ISBN 978 - 7 - 01 - 016586 - 8　定价 : 48.00 元

邮购地址 100706　北京市东城区隆福寺街 99 号

人民东方图书销售中心　电话 :（010）65250042　65289539